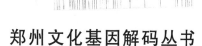

郑州文化基因解码丛书

郑州名人历史文化故事

主编 叶光林

郑州大学出版社

图书在版编目(CIP)数据

郑州名人历史文化故事 / 叶光林主编. -- 郑州：
郑州大学出版社, 2025. 6. -- ISBN 978-7-5773-1229-3

Ⅰ. K820.861.1-49

中国国家版本馆 CIP 数据核字第 2025N41D74 号

郑州名人历史文化故事
ZHENGZHOU MINGREN LISHI WENHUA GUSHI

策划编辑	孙园园		封面设计	苏永生
责任编辑	席静雅　王艳霞		版式设计	苏永生
责任校对	王晓鸽		责任监制	朱亚君

出版发行	郑州大学出版社	地　　址	河南省郑州市高新技术开发区
经　　销	全国新华书店		长椿路 11 号(450001)
发行电话	0371-66966070	网　　址	http://www.zzup.cn
印　　刷	辉县市伟业印务有限公司		
开　　本	710 mm×1 010 mm　1 / 16		
印　　张	13.75	字　　数	180 千字
版　　次	2025 年 6 月第 1 版	印　　次	2025 年 6 月第 1 次印刷

| 书　　号 | ISBN 978-7-5773-1229-3 | 定　　价 | 56.00 元 |

编者名单

主　编　叶光林

副主编　马　飞　　韩玉冰　　梁中彪

　　　　张桂周　　余晓梦

编　委　（按姓氏笔画排序）

马　飞　　王建府　　王翊嘉　　王曜卿

叶光林　　邢薇薇　　吕宏军　　刘　沛

刘木生　　闫舒贤　　杜义宁　　李　红

李　莎　　李建民　　李晓娜　　李豫州

时　凯　　何中茶　　何梦园　　余晓梦

汪　鹏　　张红敏　　张桂周　　宫银峰

常松木　　梁中彪　　梁淑芬　　蒋晓娜

韩玉冰　　靳　录

序言

　　黄河奔涌千年,文明生生不息。在这片被《诗经》称为"维禹之绩"的古老土地上,郑州犹如一部镌刻在青铜器上的史诗,以裴李岗的陶器为序章,以商都的甲骨为注脚,将八千年的文明密码深藏在黄土层叠的褶皱里。当我们在二里岗的陶片上辨认先民的指纹,在黄帝故里的古柏下聆听华夏的心跳,这座城市便以最深邃的方式向我们展开——它不是地理意义上的坐标,而是中华文明的精神原乡。

　　编辑出版《郑州名人历史文化故事》,正是对这座城市文化基因的一次深情解码。轩辕黄帝在此"抚万民,度四方",开创了华夏文明的曙光时代;春秋名相子产"铸刑书于鼎",让法治精神首次照亮东方;诗圣杜甫用"致君尧舜上"的笔墨,在巩义的山川间写下盛唐最沉郁顿挫的注脚。从列子笔下的御风逍遥,到李诫《营造法式》的规矩方圆;从白居易"为时而著"的现实关怀,到吉鸿昌"国破尚如此"的浩然正气——这些闪耀在历史星图中的名字,共同构成了郑州文化最生动的精神谱系。

　　本书作为郑州市宣传文化工作"十大工程"的重要载体,凝结着社会各界的智慧结晶。我们特别遴选的三十余篇故事,既是向青少年打开的历史之窗,也是献给所有中原儿女的文化家书。当孩子们在管城区的城墙下诵读《郑风》,在荥阳的鸿沟畔遥想楚汉,这些故事便如春风化雨,让文化自信的种子在心灵深处生根发芽。

　　在此,谨向所有参与本书编撰的专家学者、提供支持的有关部门以及热情投稿的各界人士致以崇高敬意。因时间所限,书中难免疏漏,恳请读者不吝指正。愿这本书能成为一柄钥匙,开启郑州这座"活态博物馆"的文明之门;更愿它化作一团星火,点燃每个人心中对中华文化的永恒热忱——因为真正的历史从来不在泛黄的纸页间,而在我们血脉里永不停息的传承中。愿这本承载着郑州记忆的书籍,能成为读者开启文明之门的钥匙,让我们共同守护这份穿越时空的精神火种。

叶光林

目录

1

人文始祖轩辕黄帝

梁淑芬 时 凯

《史记·五帝本纪》记载:"黄帝者,少典之子,姓公孙,名轩辕,生而神灵,弱而能言,幼而徇齐,长而敦敏。"汉代焦延寿《焦氏易林》记载:"黄帝有熊国君少典之子。有熊,即今河南新郑是也。"晋代皇甫谧《历代帝王世纪》记载:"(黄帝)授国于有熊,居轩辕之丘,因以为名。有熊,今河南新郑县也。"

传说,黄帝一出生就神明而灵敏,十几天就会说话,少年时思维敏捷,青年时敦厚能干,成年后聪慧坚毅。

黄帝诞生

五千多年前的仰韶文化时期,具茨山(今河南新郑市西南)姬水河一带居住着一个以熊为图腾的部落,部落首领少典因为能指挥熊助战,故名"有熊氏"。当时居住在河洛一带(今洛阳地区)的有蟜氏部落,有任姒、附宝两姐妹,少典娶附宝为妻。据说附宝在轩辕丘游玩时,遇暴雨电光缠身,绕北斗而去,进而受孕,怀孕24个月,产下一子,因出生于轩辕丘,取名轩辕。又相传黄帝农历二月二日出生,当时天空突然间乌云密布,一条飞龙出现在空中,此后民间便有了"二月二,龙抬头"的说法,后世将这一天定为黄帝诞辰。

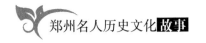

统一华夏

"炎黄结盟。"炎帝,神农氏部落首领,传说与黄帝是兄弟,居住在陈丘一带(今河南淮阳),当时各部族都听从他的号令,尊他为部落首领。这一时期的黄帝则修德治兵,制造舟车,以道义促使部落之间和睦相处,以武力征伐强暴,制止侵略。许多部落慕其威望,前来通好,仰仗归从。后来,黄帝部落与炎帝部落争夺领地,黄帝率有熊部落的军队在阪泉(今河北涿鹿)与炎帝经过三次激烈的交战,最终炎帝战败,这就是著名的"阪泉之战"。从此以后,两个部落结为联盟,和睦相处,渐渐融合成华夏族,奠定了华夏民族的基础。

"征战蚩尤。"炎黄结盟之时,东方的九黎族部落逐渐壮大,其首领是蚩尤。据史料记载,蚩尤部落因得盐池之利,善于冶炼金属、制造兵器。相传蚩尤每次出征都身披斑斓虎皮,头带双角铜盔,又有81个弟兄,个个铜头铁额,英勇善战,又惯使刀剑等兵器,作战中还能喷雾,使人迷失方向。炎黄兵卒曾九次与蚩尤交战而不能胜。为了彻底打败蚩尤,就联合以熊、罴、貔、貅、豹、虎为图腾的六个部落,黄帝仿效北斗星制成指南车,破蚩尤大雾,依风后《握奇经》设八阵,经五十二战,在涿鹿与蚩尤展开决战,大胜蚩尤。这就是历史上著名的涿鹿之战。至今在河南新郑风后岭(大将风后的封地)一带还有风后遗址及唐代军事家独孤及的《风后八阵图记》。从历史角度来说,蚩尤也是中华民族的三大祖先之一,为中华民族人类的文明做出了突出贡献。

创造舟车

关于黄帝发明舟车,《易·系辞》记载:"黄帝刳(凿)木为舟,

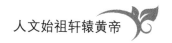

剡（刻）木为楫，舟楫之利，以济不通。"

相传，黄帝手下有很多名臣，其中共鼓、货狄二人，教民造屋、制造生产工具，黄帝很赏识他们。有一年，山洪突然爆发，正在山上伐木造房的共鼓和货狄被洪水卷走了，山坡上百姓的房屋、生产工具和粮食也被冲得一干二净，百姓们失声痛哭，黄帝也十分悲痛，命大家分头去寻找。

共鼓和货狄被洪水冲进了一条大河里，他们两个人拼命抓住漂浮在水上的一棵大树。当他俩缓过气之后发现，不管洪水怎样上涨，这棵大树始终漂浮在水面上。忽然一个浪打来，把他们连人带树全部打翻在水里，共鼓和货狄奋力从水里钻出来，又爬上这棵大树才发现，原来大树的中间是空的。共鼓和货狄就这样坐在空心树的两端，漂呀漂。洪水终于退了，大家都以为他俩必死无疑，然而共鼓和货狄却安然无恙地回家了。黄帝和臣民都赶来关心询问原因。共鼓和货狄向大家讲述了他们的遭遇，并对黄帝说："我们虽然遭受了这次灾难，但是在灾难中却发现了空心的树木可以在水上通行！"接着，他俩便把"凿木为舟"、打通水路的设想详细地向黄帝做了汇报。黄帝听了连声说好，之后水上交通工具就出现了。

相传，有一年夏天，黄帝正在田间劳作，突然一阵风把黄帝的帽子吹走了，因为帽檐是圆形的，掉到地上之后，不断向前滚动，黄帝急忙追上去将草帽拾回。草帽滚动的现象给黄帝造车带来了灵感。他想，如果先做一个架子，再给架子上安装两个可以滑动的轮子，不就可以搬运东西了吗？黄帝越想越兴奋，急忙回到家中找出木材和工具，按照自己的想法动手做了起来。经过不断地改进与完善，最终做成了车。

黄帝时期发明了水上航行的舟，还发明了路上行驶的车，大大提高了人们的生产力和生产效率，给人们的生活带来了便利，真正实现了"遇河以舟载人，行路以车代步"。

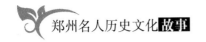

建都有熊

黄帝战胜蚩尤之后挥师北上,驱赶向南方扩张的荤粥(xūn yù)族,征战收复了所有不顺从者,然后班师回有熊新郑,并在西泰山(今新郑龙湖镇)大会诸侯,定鼎建都新郑,于农历三月初三举行大典,昭告天下,各部族首领共尊黄帝为天子,为了纪念这一天,便有了"三月三,拜轩辕"。直至今天,河南郑州新郑黄帝故里每年三月三都会举行"黄帝故里拜祖大典",这既是对这一传统节日的传承,也是对黄帝精神的传承和发扬。统一天下之后,黄帝划野分州,设左右大监,监于万国。设三公(风后、天老、五圣)、六将(常先、大鸿、大隗、力牧、太山、应龙)、史官(左史仓颉、右史沮诵),共同治理天下。黄帝建都之后,致力于各民族的繁荣与发展,他选贤任能,设官司职,治理天下,建立了中国历史上第一个完备的部落联盟体制,也有说其是现代国家的原型。其疆域东至渤海,南抵长江,西及甘肃,北至河北燕山,基本控制我国的华北、华东和江淮地区,疆域面积相当于明代,奠定了中华民族的基本版图。而有熊国都新郑,是中国历史上的第一个国都,被史学家称为"中华第一古都"。

高擎龙旗

黄帝统一万国部落统一天下之后,采用有代表性的部族图腾特征,荟萃成新的图腾——龙,它由熊的头、马的嘴、蛇的体、鹿的角、鱼的鳞、虎的掌、鹰的爪、蚩的尾等组成,作为有熊帝国的族徽和旗帜。因此,龙图腾的形成,是各部族大融合、大团结的产物,也正是当今社会主义核心价值观在国家层面的价值目标"富强、民主、文明、和谐"的真实体现。因此,五千多年来,龙成为中华民族的象征,作为最吉祥、最崇高的保护神,鼓舞我们披荆斩棘,勇往直前。

开农牧,造文明

开发农牧。黄帝统一天下之后,总结神农氏炎帝时代的生产经验,祭祀天地百神,发明犁耕,凿井灌溉,在农业生产和生活方式等方面有较大发展。他教男子驯养畜禽动物,根据季节变化,按时播种五谷"黍、稷、菽、麦、稻",改灶坑为炉灶,并按蒸气加热的原理制造出最早的蒸锅——陶甑。从此,蒸饭煮粥,人民不再吃生食,"吃饭"的概念就此产生。黄帝的元妃嫘祖,则教女子在家养蚕、抽丝、织帛,染制五彩衣裳,解决人们的穿衣问题。奠定了中国几千年男耕女织的生产生活状况。

肇造文明。黄帝和他的臣下的发明创造,缔造了如今的灿烂盛世。如创造车船(战车、指南车、记里鼓)、衣裳(布帛、丝绸、冠冕、足履)、房屋(宫室、銮殿、城池)、阵法(风后八阵)、兵器(弓箭、弩、刀、盔甲)、音乐(箫、琴、钟、鼓、号角、磬)、医药、祭祀、文字、算术、历法、图画、婚丧、铸铜等。具备世界古代文明四大标准——文字、城堡、铜器、祭祀,使中国与古埃及、古巴比伦、古印度比肩成为世界四大文明古国。黄帝时代所创造的文明,四五千年盛传不衰,至今我们这些中华儿女,还享受着它的福荫。

(作者单位:郑州升达经贸管理学院)

中国纺织业鼻祖嫫母

靳 录

  嫫母,黄帝的次妃,方相氏,被后世祀为先织,是镜子、火药的发明者。

  传为古代最出名的"丑女"嫫母,却有良好的道德修养,更由于黄帝推崇而成为六宫楷模,古代典籍上有很多类似的记载。屈原在《九章》中说:"妒佳冶之芬芳兮,嫫母姣而自好。"汉代桓宽《盐铁论》说:"嫫母饬姿而矜夸,西子彷徨而无家。"《吕氏春秋·遇合篇》说:"若人之于色也,无不知说美者,而美者未必遇也。故嫫母执乎黄帝,黄帝曰:厉女德而弗忘,与女正而弗衰,虽恶奚伤?"汉代王子渊《四子讲德论》说:"嫫母倭傀,善誉者不能掩其丑。"《列女传》说:"黄帝妃嫫母,于四妃之班居下,貌甚丑而最贤,心每自退。"晋代葛洪《抱朴子·辩问》说:"人情莫不爱红颜艳姿,轻体柔身,而黄帝述笃丑之嫫母……人各有意,安可求此以同彼乎?"唐《琱玉集·丑女篇》说:"嫫母,黄帝时极丑女。锤额顣颜,形篦色黑,今之魌头是其遗像。但有德,黄帝纳之,使训后宫。"宋代罗泌《路史·后纪第五》说:"次妃嫫母,貌恶德充,帝纳之曰:属女德而弗忘,与女正而弗襄,虽恶何伤。"宋代张君房《云笈七签·轩辕本纪》说:"帝又纳丑女,号嫫母,使训宫人而有淑德,奏六德之颂。"

  嫫母虽然貌丑,但黄帝信任她,把管理后宫的责任交给了她。黄帝巡视天下时,元妃嫘祖病逝,黄帝令嫫母指挥祀事、监护灵枢,嫫母展示出了非凡的组织能力。黄帝授以方相氏官职,利用她的强悍驯服猛兽(新密黄帝宫有嫫母驯兽的塑像),利用她的相貌驱邪避灾。

为制止部落"抢婚"事件,黄帝专门挑选性情温柔、品德贤淑的丑女嫫母为妻。黄帝说:"重美貌不重德者,非真美也;重德轻色者,才是真贤。"嫫母不负黄帝的厚爱,对妇女实施德化教育。她看到人们冬衣兽皮、夏穿树叶,就发明织丝成绸,染上各种颜色用来做衣服,为人类文明开创了一个新天地。仰韶文化遗址曾发现陶纺轮、石织轮、骨针、骨锥等纺织和缝纫工具,一些彩陶上也发现有服饰纹,说明黄帝时期已发明了植桑、养蚕、缫丝、纺织和制衣。

黄帝统一三大部落,结束野蛮时代,人类进入了文明社会,梳妆打扮成为日常生活中必不可少的事情。那时的女人经常面对一盆水或者站在平静的河边梳妆打扮,以满足爱美的天性。嫫母觉得自己长得丑,轻易不去河边凑热闹。一次,身强力壮的嫫母上山时发现了一片质地晶莹的石片,能映出自己的容貌。她又惊又喜,就把这片石头用工具打磨得又平整,又光滑,她只要拿出石片,就能看到自己的容颜了。这样,嫫母只在家里照,就能避免人多的尴尬。

后来,黄帝及其夫人们见嫫母长久不去河边照脸,心生疑惑,便悄悄观察,发现了这个秘密。对女人来说,无须跑到河边就能天天照到自己的脸,那是何等的幸福啊!于是镜子很快就流传开来,中国人使用镜子的历史就从此开始了。《物原》说"轩辕作镜"。《轩辕内传》说"帝会王母,铸镜十二,随用而用"。《述异志》说"饶州旧传轩辕氏铸镜于湖边,今有轩辕磨镜石"。

为纪念嫘祖和嫫母的功绩,自南北朝以来,历代都设先农坛,尊嫘祖为"先蚕",嫫母为"先织",加以香火祭祀。新郑人在辛店镇西约1公里的地方修了一座娘娘庙,建有大殿、东西配殿和门

楼、戏楼,供奉嫘祖和嫫母,常年香火不断。逢正月十九日嫘祖诞辰和九月十五日嫫母华诞,前来拜祭的人更是络绎不绝,庙会时常延续多日。1958年,这座娘娘庙被拆毁,辛店村于1989年开始筹措资金,历时4年筹资6万多元。1993年农历九月重建庙宇,1994年正月十九日落成。庙宇大殿为3间,后陆续修建东西配殿和门楼,黄色琉璃瓦罩顶,廊柱上绘有巨龙,廊檐下绘有彩凤。大殿内塑1.8米高的嫘祖、嫫母金身,墙上绘有12幅壁画,历数嫘祖、嫫母教人们养蚕、缫丝、织布、制衣的功绩。

(作者单位:新郑市原地方史志办公室)

许由：从隐士到文化符号

张红敏

许由，天下"许"姓氏的鼻祖，是圣德明君尧、孝感动天的舜以及治水安邦的禹的老师。他是隐逸精神的开创者，被道家奉为楷模。许由早已从生前的隐士变成一种文化符号，他淡泊名利、讲道义、守规矩的精神是郑州这座城市的精魂，也是中国在国际舞台上的角色特点。

箕山之巅，许由之心：高洁精神的赞歌

许由不想出名，对功名利禄趋避之。他因不想出名而做的一些事，却在后人心中留下了美名。

许由出生在登封箕山。他自幼喜好农耕，热爱自然，讲究万物和谐而生。老年的尧勤政爱民，想把国家交到一位可信任的人手里，听到许由热爱农耕、踏实勤劳的清高之志，便想将天下交由许由，没想到许由听后便连夜逃往箕山颍水旁，继续靠农耕而食。此故事也记录在《庄子·内篇·逍遥游》中。据传，许由曾率领许姓部落由易水南下阳城，又溯博水、唐河迁移，在清苑、望都、定州、唐县等地繁衍生息，晚年迁居行唐。

《庄子·内篇·大宗师》也塑造了一位无为而为、逍遥自由的许由。他认为"赍万物而不为义，泽及万世而不为仁"，斥责儒家用

仁义黥人、劓人。表达其轻仁义、一死生、齐是非的人生态度,表达其鄙弃荣华富贵、权势名利之超凡脱俗的形象,勾画其力图在乱世保持独立人格、追求逍遥无恃的精神自由的隐士风骨。比《庄子》早百余年的《墨子》曾说:"舜染于许由。"在尧和许由的对话中,尧把自己比作爝火而把许由比作日月,可见许由是一位极为出色的部落首领。①

洗耳恭听,许由之道的智慧回响

郑州地区,尤其郑国时期,是道家学派的重要发源地之一。道家思想在这里有着深厚的文化土壤和历史积淀。道家思想所强调的"人与自然和谐共生"的观念,对现代社会的生态环境保护具有重要的启示意义。在郑州地区,道家思想被广泛应用于生态文明建设、环境保护和可持续发展等领域,为当地的绿色发展提供了重要的思想支撑。

许由身上闪烁着道教思想的光芒,尧让位不成,得知许由去处后,又派人请他做九州长。他听后便到颍水边淘水洗耳,而后隐居深山,终身不为名利,死后葬于箕山之巅。汉代以后,以五岳配祀许由,世代供奉,太史公司马迁曾登临凭吊。《前汉书》列许由为仁人。《晋书》赞"昔许由让天子之贵,市道小人争半钱之利"②。

对许由拒绝尧的原因,很多学者探究过。《庄子·徐无鬼》中说,许由遇见啮缺,啮缺问其躲避尧的理由。许由回答:"夫仁义之行,唯且无诚,且假乎禽贪者器。"可见许由道家思想的核心,主张道德内化,若强制推行仁义,只会使人们失去诚信。道德应该内

---

① 毛国民:《〈庄子〉及其注释中的许由形象探究》,《山东社会科学》2014 年第 9 期。
② 杨凤奎:《邱县志》,方志出版社,2001,第 1051 页。

化,若强制要求,只会事倍功半。

许由的拒绝,表明了最高政治智慧之"无为"原则,即让天下人自己治理自己,将"治天下"转换为"安天下""平天下",进一步再将"安天下""平天下"提升到"让天下自安""让天下自平"的至高境界。由此,最高治理智慧不过是"藏天下于天下"①。

淡泊名利,许由精神的现代启示录

世事更迭,许由的事迹犹如一面镜子,照射出人们内心对名利权力的态度。有多少人在争权夺利中拼尽全力,就有多少人怀揣着对"许由洗耳"的敬仰。即使诱惑再多,权力再大,地位再高,也不放弃自己的独立人格、高洁的心灵,这也成为中国人对自我最高的要求和期待②。《庄子·杂篇·说剑》也有借"知和"之口肯定许由的行为。主张行动当以百姓为基础,应不违背民众利益,不违背民意;权势虽达到天子,而不应该将权贵作为资本、骄横跋扈;财富虽占有天下,却不用财富去戏弄他人。尧、舜虽然不在天下推行仁政,却能使百姓和睦生活;许由虽得帝而不受,但能不以政事害己,能辞让而不虚伪。

隐逸之光:许由与中华文化的不朽灵魂

如今,许由早已成了中华传统文化的一种符号,他身上的隐逸之光被历代传播,承载着无数文人梦想。汉代蔡邕的《琴操·河间杂歌·箕山操》记载了许由弃瓢的故事;元好问曾有感而发,写下

---

① 陈赟:《"尧让天下于许由":政治根本原理的寓言表述》,《社会科学》2009 年第 4 期。

② 左丽慧:《许由:筑就四千年前精神高峰》,《郑州日报》2024 年 5 月 17 日第 1 版。

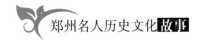

和许由有关的词句;唐宋时期,李白、苏轼、辛弃疾、罗隐、徐夤、李峤等纷纷以许由的故事为典进行创作,用《许由庙》《咏史诗·箕山》《箕山》等寄托志趣和主张。

1994 年,"中国百家姓"电视剧组因拍摄《许姓之源》来到登封东金店乡。《许姓之源》在箕山的成功拍摄,让箕山和许由第一次通过现代媒体形象直观地向世人展示。

许氏后人经多年研究,厘清了许由其人、其事、其精神及其对许氏家族家风的深远影响,许由也因此被推为"郑州十大历史名人","许由故里"花落登封,确立了许由在许氏家族中的得姓始祖地位,基本达成了天下许氏"祖乃许由,根在箕山"的共识。

20 世纪 90 年代以来,先后有马来西亚、新加坡、泰国、菲律宾、加拿大、印度尼西亚、韩国等国家,以及我国台湾、香港和内地的豫、闽、粤、浙、赣、皖等 20 多个省区的许氏宗亲数十万人次到这里寻根谒祖,观光游览。

(作者单位:郑州商学院)

大禹与天地之中

常松木

大禹生长在位于天地之中的登封,建都于天地之中的阳城,与其相关的历史建筑是登封天地之中历史建筑群的重要组成部分。

大禹建都阳城为天地之中理念的形成奠定了基础

大禹生长于登封,家居于登封,治水于登封,建都于登封。禹生石纽是普遍的说法,石纽的位置主要有四川说和河南说。四川的北川、汶川、茂县、理县都称石纽在其境内。河南说认为石纽在少室山东麓的左庄一带。左庄息壤岗上有一块石纽石,上面隐约有一条龙,相传古时人们生病时只要一摸此龙病即痊愈,所以自古以来被称为神石。左庄及其以北的王庄、张庄、尚庄、马庄,自古以来就被称为一溜石纽屯儿。左庄附近的一些地名和大禹有密切联系,如夏地、禹岭、禹王沟、姚沟、涂窑、东军地、凤凰脖等,左庄东的禹王庙,大禹坐于正位,左庄北的少姨庙则是供奉大禹第二位妻子涂山姚的神庙。

大禹治水成功,舜帝命其祭祀中岳嵩山,"禹锡玄圭,告厥成功"(《尚书》),这在当时是很高的规制。治水成功后,帝命大禹摄政。《史记·夏本纪》记载:"三年丧毕,禹辞辟舜之子

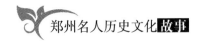

商均于阳城,天下诸侯皆去商均而朝禹。禹于是遂即天子位,南面朝天下,国号曰夏后。"大禹所都阳城即今登封告成镇西王城岗遗址。

大禹建都阳城,使阳城成为华夏第一都。大禹选择在阳城建都,除了阳城是其家乡外,更重要的是阳城地处夏后国中心,即当时的天地之中。在天地之中立国建都,历来为中国人奉为圭臬。《荀子·大略》说:"欲近四旁,莫如中央,故王者必居天下之中,礼也。"大禹建都阳城,开辟了在天地之中建都的先河,奠定了王必居天地之中的基础。

禹划九州和五服制度确立了阳城为天地之中

"茫茫禹迹,划为九州。"大禹治水时,将天下划为九州。《书序》概括《禹贡》旨意时说:"禹别九州,随山浚川,任土作贡。"《禹贡》记载的九州为冀、兖、青、徐、扬、荆、豫、梁、雍;上博楚简《容成氏》所记载的九州为夹、涂、竞、莒、蓏、荆、扬、叙、虘九州,尽管名称有异,但禹划九州应是定论。九州之中,豫州(《容成氏》的叙州)位置居于中央,而且是夏部族的根据地,是禹都阳城所在地。这从方位上表明了豫州为天下之中,阳城为天下之中。直到清代,登封知县何其祥刻制会善寺"天中山"碑时,还刻有序文:"周公营洛,建表测景。豫州为天地之中。"

大禹治水时,还根据九州土壤的颜色、物产等规定各州贡赋的等级和贡品。大禹还将天下划为五服:"五百里甸服……五百里侯服……五百里绥服……五百里要服……五百里荒服。"(《尚书译注》)五服即五等,每一等四方各等距离五百里,国都以外第一等为甸服,即阳城以外为甸服。由此可知,大禹时的五服制度是以都城阳城为中心,向四面八方辐射的。

大禹活动的中心在豫州，建都豫州阳城，又根据距国都阳城的远近划分五服，确定贡赋制度，因此可以说大禹时就形成了阳城为天地之中的观念，这也正是天地之中理念形成的渊源之一。

大禹立五方号旗基本确定了天地之中理念

上海博物馆的馆藏战国楚简中记述古史传说的《容成氏》一篇，讲到大禹听政三年天下大治及立五方号旗的情况："禹听政三年，因民之欲，会天地之利矣。是以近者悦治，而远者自至，四海之内及四海之外，皆请供，禹然后始为之旗号，以辨其左右，思民毋惑。东方之旗以日，西方之旗以月，南方之旗以蛇，中正之旗以熊，北方之旗以鸟。"大禹"中正之旗以熊"，立中央熊旗，以中为正，以中为尊，从而居中以号令四方，蕴含着确立文化统合权力的象征意义。大禹立五方号旗所确立的"中央"观念，对后世政治和文化产生了极其重要的影响。大禹后裔周公姬旦"测日景，求地中"，确立了登封天地之中的历史地位；自称周人之后的武则天，一改过去男性帝王"封东不封中、封偏不封正"的旧习，封禅中岳嵩山，使得天地之中的文化理念达到了巅峰。而这一切都源于大禹的立中央熊旗之举，大禹对天地之中理念的形成及巩固，可谓影响深远。

大禹"允执厥中"理念是中和理念的重要渊薮

大禹治水成功后，舜对大禹说："人心惟危，道心惟微，惟精惟一，允执厥中。"（《尚书》）对大禹提出了忠告，中心意思是要大禹"允执厥中"，即在"人心惟危，道心惟微"之时，诚实地保持中道。

大禹正是秉持"允执厥中"的政治理念治理国家的。他绝旨酒,疏仪狄,是为了不以酒误国,不以沉溺自乐而误国。他闻善则拜,五音听政,是为了倾听百姓呼声。他泣罪于途,是因为感到没能教化、引导好人民,所以自责不已。在"允执厥中"理念的指导下,大禹摄政期间国库充盈、人民富足,赢得了民众的爱戴,"天下皆宗禹之明度数声乐,为山川神主"。《尚书·五子之歌》载,大禹还教导子孙:"民可近,不可下,民唯邦本,本固邦宁。"这种民本思想正是"允执厥中"理念的内核之一。允执厥中思想对后世帝王产生了极大影响,北京故宫太和殿里的"允执厥中"匾额,台北的"大中至正"牌坊,都是这种思想传承的最好诠释。

"人心惟危,道心惟微,惟精惟一,允执厥中。"被称为尧舜十六字心传,为圣人心传之秘,历来被儒家奉为中道政治的信条。后来,儒家将"中"进一步发挥为中庸、中和。中庸的含义大致有三:一是执中守正,即恪守中道,坚持原则,不偏不倚,无过无不及;二是折中致和,即执两用中,和而不同,追求中正、中和、稳定、和谐;三是因时制宜,即与时俱进,通权达变,随机应变。在孔子那里,中庸被认为是"至德",是道德的最高标准。《中庸》曰:"喜怒哀乐未发,谓之中;发而皆中节,谓之和。中也者,天下之大本也;和也者,天下之达道也。致中和,天地位焉,万物育焉。"程颐认为中庸是天下不变的定理,庸为孔门传授的心法,朱熹在40岁时完成"中和新说"理论,确立了自己的儒学体系。

允执厥中思想对后世佛教、道教都产生了深远影响。佛教认为不堕极端,脱离二边,即为中道。北宋初释智圆通过"中庸""中论"将儒佛两家思想沟通、绾联起来,道教认为"中和"既是导人修德的常道,也是天地万物遵循的至道,勉人致中和,既可修养理想人格,也可天人合一。

尚中贵和,是我国传统文化的基本精神之一,以儒释道为基础

的中华文明崇尚中和精神。中和就是不具侵略性,就是中庸而不偏不倚,不激烈不极端,和合之美。

与大禹有关的汉三阙是天地之中的重要组成部分

2010 年,登封天地之中历史建筑群在第 34 届联合国世界遗产大会上成功列入《世界遗产名录》,中岳汉三阙太室阙、少室阙、启母阙是其中的重要组成部分。汉三阙上的铭文和部分画像透露出了很多夏文化信息,作为大禹文化的重要实证,汉三阙为研究大禹文化提供了很好的佐证。

太室阙建于东汉元初五年(118),西阙北面阙铭前两行文字为:“惟中岳泰室崇高神君,处兹中夏,伐业最纯。”另一方铭记刻在西阙题额下,剥蚀严重,其中第十五行有一个“禹”字。题额右侧有一幅三只鳖画像,专家解释为鲧画像。“处兹中夏”“禹”等文字记载和鲧画像为研究大禹文化提供了重要旁证。

启母阙建于东汉延光二年(123),是大禹的妻子涂山氏女娇的神庙。启母阙铭文记载了鲧禹治水和大禹三过家门而不入的事。阙身画像中有夏禹化熊、启母化石,和嵩山一带流传的大禹治水故事有密切的渊源,是研究大禹治水和禹王崇拜的重要物证。

少室阙与启母阙建于同一年,是汉代少姨庙前的神道阙。少姨庙供奉女娇之妹、大禹之少妻,而太室山、少室山即因大禹的妻子、少妻居住于其下而得名。公元 696 年,武则天封禅中岳、加封中岳神的同时,封夏后启为齐圣皇帝,启母神为玉京太后,少室阿姨为金阙夫人。

综上,大禹生长于嵩山,治水成功后祭祀嵩山并建都阳城,为天地之中理念的形成奠定了坚实基础,影响了后世在天地之中建都的选择。允执厥中理念对后世儒、佛、道三家的中庸、中和、中

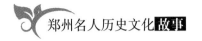

道、尚中贵和思想产生了重要影响。汉三阙是登封天地之中历史建筑群的重要组成部分。

（作者单位：郑州市政协）

管仲小传

吕宏军

　　管仲(？—前645)，登封人，名夷吾，字仲。相传，他是姬姓后人。《史记·管晏列传》的记载是"颍上人也"。颍水发源于河南省登封市，最后在安徽颍上县汇入淮河，流经数百里。"颍上"应当在今天的河南省登封市境内。颍上即颍水的上游或颍邑，而非安徽的"颍上"，登封作为颍水的发源地无疑在上游之内。

　　管仲自幼刻苦自学，通诗书，懂礼仪，知识丰富。管仲的父亲是齐国的大夫，后来家道衰落，为了谋生，管仲做了商人，见过许多世面，从而积累了丰富的社会经验。管仲有位好友，名鲍叔牙，管仲"常与鲍叔牙游，鲍叔深知其贤"。管仲做过三次小官，都被辞退，鲍叔牙认为，这是人家不贤明，并非管仲没有才能。后来管仲和鲍叔牙分别做了齐国的公子纠和小白的师父。春秋初年，齐襄公荒淫无道，他的弟弟们纷逃国外，公子纠由管仲辅佐逃往鲁国，小白由鲍叔牙辅佐逃往莒国。

　　后来，公子小白即位，即齐桓公。他打算任用鲍叔牙为相，鲍叔牙却极力推辞而力荐管仲。齐桓公惊讶地反问："你不知道他是我的仇人吗?"鲍叔牙回答，管仲乃天下奇才，谏请齐桓公消释旧怨，化敌为友，现在如果赦免其罪而委以重任，他一定会为齐国效忠。经鲍叔牙建议，求贤若渴的齐桓公选定吉日，以非常隆重的礼节，亲自去迎接管仲。齐桓公任命管仲为上卿。

管仲上任后,进行了一系列改革。他主张"是必立,非必废,有功必赏,有罪必罚","罚不避新","察能授官"。管仲于庶民中选拔人才,带头执行尚贤政策,亲自推荐放牛出身的宁戚为大司田,使宁戚成为齐桓公富国强兵的得力助手。管仲提出了著名的"仓廪实而知礼节,衣食足而知荣辱"的以人为本的思想,把礼、义、廉、耻看作"国之四维"。管仲注意发展农业,提出"无夺民时,则百姓富,牺牲不略,则牛羊遂"的进步主张,使农民安心农业生产。管仲鼓励民众参与境外贸易,扩大交流,推动了商品流通,使齐国的经济很快得到发展。管仲还第一次提出了按照人们的职业把人口分为"士、农、工、商"四大社会集团,这对后世影响很大。

管仲是世界上第一个通过招商引资达到富国强兵目的的政治家,管仲在齐国率先施行优惠政策招商引资,不仅要让商人们纷至沓来,还要让他们在齐国安居乐业。管仲又向齐桓公提出了实现在中原称霸的谋略,打起了"尊王攘夷"的旗号,开始了兼并诸侯、统一中国的霸业。

齐桓公在管仲的辅佐下,先后主持了三次武装会盟、六次和平会盟,还辅助王室一次,史称"九会诸侯,一匡天下"。齐国成为当时最强大的国家。管仲为齐桓公创立霸业立下了不朽的功勋,被桓公尊为"仲父"。

经过管仲40年的治理,齐国由一个小小的海滨之国发展壮大,最终"九合诸侯,一匡天下",齐桓公也成为春秋时期第一位霸主。

公元前645年,管仲患了重病,齐桓公去探望,询问谁可以继任相位。齐桓公欲任鲍叔牙,管仲诚恳地说:"鲍叔牙是君子,但他善恶过于分明,见人之一恶,终身不忘,这样是不可以为政的。"他推荐了为人忠厚、居家不忘公事的隰朋。有人听了管仲这段话,便去鲍叔牙处挑拨。鲍叔牙笑道:"管仲荐隰朋,说明他一心为社稷

考虑,不存私心偏爱友人。"告密者这才察觉管仲交友之密、知人之深,灰溜溜地走了。于是便有了"自古交友学管鲍"的说法。"管鲍之交"也成为交友的警示之语。

后人收集管仲的著作,并假托其名作《管子》一书。《管子》被一些专家学者列为影响中国的 100 本书之一。

(摘自吕宏军主编的《登封市志》,中州古籍出版社 2008 年版,有改动;
作者单位:中共登封市委党史和地方史志研究室)

春秋圣贤子产

何梦园

春秋时代是中华文明的一个高峰。子产是春秋时期著名政治家、思想家,被史学家誉为"春秋第一人"①。子产主持郑国政务期间,进行了自上而下的改革,极大地推动了当时社会的转型,郑国呈现出中兴局面。

目之所及皆是文化,手之所触均是历史。郑州有着这样一位先祖——来自郑国(位于新郑市)的子产。他不仅在"新旧交替""礼崩乐坏"的乱世春秋给郑国人民带来了一个"万物生光辉"的时代,振作原本中衰的郑国,还推动了中国古代史上唯一一次民主尝试,第一次取得了政治改革的成功,第一次正式公布成文法律。直至今日,他执政为民的思想、砥柱中流的风范、穿越历史的智慧,还指引着我们前进的方向。

子产(?—前522),姬姓,公孙氏,名侨,字子产、子美,也被称为公孙侨②,谥号成子。子产出生于公室贵族家庭,家族是"七穆"之一。他是郑国国君郑穆公之孙,公子发(字子国)之子,在郑国拥有极高的权利和地位。③ 子产自幼不凡,年少有成。公元前563年,五族"攻执政于西宫之朝",郑国爆发政变,子产的父亲子国被

---

① 郑克堂:《子产评传》,商务印书馆,1941,第165页。
② 梁玉绳:《史记汉书诸表订补十种》,中华书局,1992,第1181页。
③ 顾德融、朱顺龙:《春秋史》,上海人民出版社,2001,第364页。

杀,郑简公被囚禁。子产闻讯,临危不乱,从容应对,调动军队救出郑简公,平息了叛乱。前554年,子产众望所归,被任命为卿,12年后升任正卿。前543年执政,先后从政20余年,为郑国的社会稳定和生产发展做出了杰出贡献。

田产改革——作封洫

子产在郑国执政的时代,面对着内忧外患、危机四伏的艰难局面。郑国夹在晋国和楚国两大强国之间,战火纷纷,社会动荡,百姓苦不堪言。在这种情形下,子产首先稳定大局,从而推动改革,对郑国政治进行彻底的整顿:子产"使都鄙有章,上下有服;田有封洫,庐井有伍"①。既维护原来的国家制度和等级秩序,又整顿田间排水沟与边界,应对贵族占用田过限、井田制遭到破坏的情况;并且保证"土地"不被荒废。

改革政策相对来说是温和的,但田制改革必定会触碰到既得者的利益,四大强族中的丰卷首先起来挑战新政权,"丰卷将祭,请田焉。弗许,曰:'唯君用鲜,终给而已。'"他凭借自己强族的地位,向子产的执政地位发起进攻,但子皮站出来保护了子产,驱逐丰卷。

屋漏偏逢连夜雨,船破又遇顶头风。子产刚结束"丰卷事件"风波,又迎上"子皙之乱"。趁此机会,子产对子皙数罪并罚,将其击杀。这样严厉的惩罚,算是对郑国从混乱走向秩序的警告,也巩固了子产的执政地位。同时,可能是由于生产力的发展,百姓的生活越来越好,土地不均的现象也停止了,几乎没有人再肆意猛烈抨击子产改革,反而普遍地对子产的改革表达了拥护。

---

① 杨伯峻:《春秋左传注》,中华书局,1990,第1181页。

财政改革——作丘赋

内患基本解决,为子产更加坚定地走向接下来的改革之路增强了信心。"作封洫"后五年,开始财政改革——作丘赋。一方面,郑国是小国,"弥兵之会"以后,按照盟约,郑国需要对晋楚"纳币"。再加上还要养军队,极重的经济负担也限制了郑国的发展。另一方面,郑国的军赋制度根据"立于朝而祀于家,有禄于国,有赋于军",也就是说,只有"国人"或者"士"才有资格参军。但随着战争频繁四起,既要开税源,又要扩大军源,不得不扩大交税参军的人口。在当时,"丘"原本是被征服的部落地区,那里的人没有资格作甲士。①

前538年,子产实行"作丘赋",以丘(一丘十六井,每井大约九百亩)作为征收军赋的单位。按照一丘缴纳一定的军赋,丘中人根据自有耕田的数量进行分摊。即居住在"丘"的人也要开始交税了,也要服役参军了。这项改革打破了当时国野分界,把兵役的承担资格扩大到了不参军、不交税的野人。这不仅使得"丘"人的土地私有制得到了国家的承认,也提高了一定的地位,取得了参军的资格,而且增加了郑国的军赋收入,壮大了国家的经济实力和军事力量。

法律措施——铸刑书

由于生产力的发展,奴隶主阶级开始没落,新兴地主阶级逐渐强大,西周时期建立的社会秩序已经消亡。在这样的背景下,公元

---

① 李元:《论春秋时期的兵源和兵役》,《求是学刊》1987年第2期。

前536年,子产为应对社会变革和新兴地主阶级之间的利益冲突,将郑国的法律条文铸在具有王权象征意义的鼎上向天下人公布。这是中国历史上第一次公布成文法,是中国法制史上一件石破天惊的大事,史称"铸刑书"。但是,在修订郑国刑法时,采取的不是"问政于民",因为百姓根本就不知道"现行刑法"是什么样子,而是追溯"先王之制"。修订后的郑国刑法分为两个部分,一部分叫"郑刑",面向卿、大夫、士人、工商业这样的非农人口,即实施在都城地区;另一部分叫"野刑",针对广大农民百姓,即实施在郑国郊野地区。子产把这套刑法铸在鼎上,向社会全面公开。

子产的举措否定了"刑不可知,则威不可测"。这无疑是挑战旧时贵族们的法律解释权,在当时遭到了各诸侯贵族的反对,叔向坚持"行之以礼,守之以信","刑之轻重,不可使民知也",认为还是需要"议事以制,不为刑辟"。说明刑法不能太具体,官员要有自由裁量权,让老百姓无法去定官员对自己最终的处理结果,恐怕民众会钻空子用法律来争夺权利,道德标准将由"不违背礼制"转向"不违反律法"。子产客气而坚定地给叔向回信,说:"若吾子之言,侨不才,不能及子孙,吾以救世也。既不承命,敢忘大惠!"[1]子产也知道铸刑鼎书可能引发社会动荡,但当时郑国的情况促使他必求法治公正,挽救当时的乱世,行民众渴望的善政。这两位贤者的治国理念争论其实就是礼治与法治之争。

子产新政,编户齐民,在一定程度上反映了正在崛起的地主阶层的政治主张,是经济基础出现变化对于上层建筑变革提出的要求,顺应了时代发展潮流,具有划时代的重要意义。

---

① 司马迁:《史记》,中华书局,1982,第2186页。

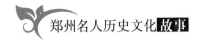

结　语

　　按照马克思主义的观点,社会是发展的、前进的,是不断地由新事物取代旧事物。子产的所作所为适应了社会发展的进步需要,在经济、政治上的成就,促成了郑国作为一个小国还可崛起的奇迹。他真心热爱他所从事的振兴郑国的事业,真心热爱他所治理的郑国民众,赤诚之心终究打动郑国上下。孔子评价子产:"君子之道四,行己也恭,事上也敬,养民也惠,使民也义。"匆匆弹指间,往事越千年。子产和他的思想不仅对当时的郑国产生了巨大的影响,而且还穿越数千年的时光如今依旧生机勃勃。

　　"天不生仲尼,万古如长夜。"这是后人对孔子的评价。《史记·郑世家》记载:"孔子尝过郑,与子产如兄弟云。"孔子在听到子产去世时,流着眼泪说:"古之遗爱也。"①简单几个字传达了孔子对子产的由衷赞美和景仰。

　　子产,不仅是郑州人的骄傲,也是中华民族的一道文明之光。

(作者单位:郑州商学院)

---

　　①　阮元校刻:《十三经注疏·春秋左传正义》,中华书局,2009,第4396页。

韩非子：乱世中的智慧之光

王建府

口吃少年的雄心

韩非子（约前280—前233），诞生于韩国都城（新郑）一个贵族家庭。然而，命运的捉弄使他自幼口吃，与人交流时言语结巴，常遭旁人的讥讽与嘲笑。《史记·老子韩非列传》记载："非为人口吃，不能道说。"但这一缺陷并未熄灭他内心智慧的火种，反而激发了他更为深沉的思考和坚定的决心。

韩非子虽口不能畅言，但其心犹如汹涌澎湃的海洋，蕴藏着无尽的智慧与抱负。他常独坐于书房，烛光摇曳，手中紧握着古籍经典，目光专注而炽热。在这寂静的空间里，他的思绪穿越时空，与先哲们对话，汲取着智慧的养分。

每当面对他人的嘲笑和轻视，他总是默默咬紧牙关，心中暗暗发誓："吾虽口吃，但必以笔为剑，以智为刃，在这乱世中开辟出属于自己的天地。"（《韩子迂评》中有言："韩非之志，虽口讷而心雄。"）这种坚定的信念如同一颗深埋在心底的种子，等待着时机生根发芽。

艰难的求学之旅

随着年岁的增长，韩非子那颗渴望知识的心愈发炽热，毅然决

定踏上求学之路。《汉书·艺文志》曾述:"韩非游学,志在博闻。"他身背简单的行囊,怀揣着对真理的追求,告别了熟悉的家园,踏上未知的征程。

一路上,风餐露宿,历经千辛万苦。他徒步穿越山川河流,脚底磨出了血泡;遭遇狂风暴雨,身躯被寒冷和饥饿侵袭。但他的脚步从未停歇,目光始终坚定地望着前方。

在卫国,他拜访了著名学者荀卿。荀卿初见这个口吃的少年,眼中不免流露出一丝疑虑。然而,当韩非子在学术讨论中展现出独特的见解和深刻的思考时,荀卿大为震惊,不禁对他另眼相看。正如《荀子·劝学》所云:"青,取之于蓝,而青于蓝。"韩非子在荀卿的指导下日夜苦读,废寝忘食。他与同窗激烈辩论,思想的火花在碰撞中绽放出绚丽的光芒。

他深入研究儒家的仁义道德、墨家的兼爱非攻、道家的无为而治等各种学说,不断汲取其中的精华,同时也在思考着如何突破传统,形成自己独特的思想体系。

著书立说的决心

结束漫长的求学之旅,韩非子满怀希望地回到了韩国。然而,韩国的政治黑暗腐败,君主昏庸无能,他那满怀激情的治国理念如石沉大海,无人赏识。《韩诗外传》中叹曰:"韩之不用贤,如弃珠玉于粪土。"在这令人绝望的现实面前,韩非子并未气馁,而是决定以笔为武器,著书立说,将自己的理想和智慧倾注于文字之中。

他把自己封闭在一间狭小简陋的书房里,窗外的世界喧嚣繁华,而他的心却沉浸在深邃的思考中。日夜更替,星辰流转,他手中的笔从未停歇。《孤愤》《五蠹》等惊世之作逐渐诞生,他的文字犀利如刀,毫不留情地剖析着社会的弊病和人性的弱点。

他在《孤愤》中痛斥权臣当道、蒙蔽君主的丑恶现象:"智术之士,必远见而明察,不明察,不能烛私;能法之士,必强毅而劲直,不劲直,不能矫奸。"(《韩非子·孤愤》)在《五蠹》中更是对儒家、纵横家等学说进行了尖锐的批判,主张以法治国,强调耕战的重要性。

秦王嬴政的赏识

远在西陲的秦国,年轻有为的嬴政正雄心勃勃地谋划着统一天下的大业。一次偶然的机会,嬴政读到了韩非子的著作,顿时被其深刻的见解和犀利的言辞吸引,内心涌起无尽的赞叹和钦佩。《史记·秦始皇本纪》记载:"秦王见《孤愤》《五蠹》之书,曰:'嗟乎,寡人得见此人与之游,死不恨矣!'"

嬴政视韩非子的思想为治国安邦的宝典,对其才华的渴慕日益加深。他派出使者,携带重礼前往韩国,诚恳邀请韩非子入秦,共商大计。

坎坷的入秦路

韩非子接到秦王邀请,内心五味杂陈。一方面,他深知这是一个难得的机遇,或许能在秦国实现自己的政治理想;另一方面,离开故土,远离亲人,又让他心生眷恋与不舍。《韩子新传》记载:"韩非入秦,心忧且盼。"经过一番激烈的思想斗争,他最终决定踏上入秦之路。

这一路,充满了艰难险阻。道路崎岖不平,车马颠簸,他的身体饱受折磨。更有刺客暗中埋伏,企图阻止他前往秦国。但韩非子凭借着坚定的信念和过人的智慧,一次次化险为夷。途中,他回

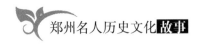

忆起往昔的种种经历,感慨万千。他想起自己著书时的激情与坚持,想起在韩国遭受的冷遇和挫折,心中更加坚定了在秦国一展抱负的决心。

当他终于望见秦国的都城咸阳,那巍峨的城墙和繁华的街市令他心潮澎湃。他知道,新的征程即将开始,他已做好了准备,迎接未知的挑战。

在秦廷露出锋芒

公元前 233 年,韩非子满怀壮志地踏入秦廷,他的到来如同一颗石子投入平静的湖面,激起层层涟漪。《史记·老子韩非列传》有载:"韩非入秦,秦王悦之。"

初至秦廷,韩非子便展现出其非凡的智慧与见识。在一场关于秦国未来发展方向的激烈讨论中,他与众多大臣展开了激烈交锋。

面对主张以武力迅速征服六国的武将们,韩非子冷静地分析道:"兵者,凶器也,不可轻动。以战止战,非长久之策。"(《韩非子·大体》)他主张应以法治为根基,通过完善秦国的律法制度,使国家内部稳定有序,从而为对外征战提供坚实的后盾。

对于那些倡导以怀柔政策拉拢各国的文臣,韩非子亦不苟同。他直言:"夫纵者,合众弱以攻一强也;横者,事一强以攻众弱也。皆非秦之良策。"(《韩非子·五蠹》)他认为秦国应当坚定自身的立场,不被他国的权谋之术左右。

在这场激烈的论争中,韩非子的言辞犀利,观点独到,令众人惊叹不已。然而,这也引来了一些人的嫉妒与不满。

同窗李斯嫉妒的阴谋

秦国大臣李斯与韩非子曾为同窗,同师于荀卿。《史记·李斯列传》云:"斯从荀卿学帝王之术,学成入秦。"然而,当韩非子在秦廷崭露头角,受到秦王的赏识时,李斯的心中却燃起了嫉妒的火焰。

李斯深知韩非子的才华远在自己之上,担心其地位会受到威胁。于是,他暗中勾结一些心怀叵测的大臣,策划了一场阴谋。

他们在秦王面前诋毁韩非子,称其虽有才华,但其心仍在韩国,入秦乃是为了韩国的利益,试图破坏秦国的统一大业。《战国策·秦策》曾述:"人心难测,忠奸难分。"

秦王嬴政本对韩非子信任有加,但在李斯等人的不断攻讦下,心中也产生了一丝疑虑。

含冤而终

在李斯等人的阴谋陷害下,韩非子被秦王下令囚禁。《史记·秦始皇本纪》记载:"韩非使秦,秦用李斯谋,留非,非死云阳。"

身陷囹圄的韩非子悲愤交加,他试图向秦王申辩自己的清白,但因口吃之故,言辞难以尽达心意。他在狱中奋笔疾书,写下一封封言辞恳切的书信,希望能呈递给秦王,以证自身清白。然而,这些书信皆被李斯等人截下,未能送达秦王手中。

最终,韩非子于公元前233年在绝望中含冤而死。他的离去,如同夜空中一颗璀璨的流星骤然陨落,让后世无数人为之惋惜。正如后人在《韩子迂评》中所感叹的那样:"韩子之死,千古冤屈。"

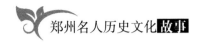

不朽的思想

尽管韩非子含冤离世,但他的思想却如同一座不朽的丰碑,在历史的长河中屹立不倒。《汉书·艺文志》赞曰:"韩非之论,深切著明,可为后世法。"

他所倡导的以法治国的理念,为秦国乃至后世的封建王朝提供了重要的治国方略。其"法不阿贵,绳不挠曲"(《韩非子·有度》)的思想,强调了法律的平等性和权威性,成为法治社会的基石。

他对于人性的深刻洞察,以及对权力运行机制的剖析,至今仍具有重要的启示意义。

韩非子的著作流传千古,为后世学者所研究和借鉴。他的智慧之光穿越时空,照亮了人类社会发展的道路。

他虽已离去,但他的思想永远活在人们的心中,激励着一代又一代人为了真理和正义而不懈努力。

参考文献

[1]王利器.史记注译[M].西安:三秦出版社,1988.

[2]王先慎.韩非子集解[M].北京:中华书局,2018.

[3]韩非.陈奇猷校注.韩非子新校注[M].上海:上海古籍出版社,2000.

[4]何建章.战国策注释[M].北京:中华书局,1990.

[5]何建章.白话战国策[M].长沙:岳麓书社,1990.

[6]王守谦.战国策全译[M].贵阳:贵州人民出版社,1992.

(作者单位:河南工程学院)

大国工匠

——战国水利家郑国

李　莎

郑国，今河南新郑人，战国末年水利专家。郑国出生于韩国，后被派往秦国，秦王采纳其建议，并令其主持修建了著名的郑国渠。《史记·河渠书》记载，战国时期，秦国国力日益强大，东向逐鹿中原。作为其近邻的韩国，深恐自己首当其冲被灭，为求生存，派水利专家郑国到秦国卧底，说服秦王凿渠引水，试图消耗秦国国力，拖垮秦国，阻止秦人东进的步伐。郑国渠建成后，将关中平原变成了粮产丰富的天府之国，秦国以此"卒并诸侯，一统天下"。因"疲秦之计"而开凿的"战渠"却成了"强秦之策"的"灌渠"。

郑国原本是韩国的一位水工，精通水利建设。他的建议被韩国采用，秘密派遣他入秦，目的是通过兴修水利来牵制秦国的人力和物力，从而延缓秦国的统一进程。公元前246年，郑国被任命为引泾工程总指挥，这一工程历时10年，于公元前237年竣工。郑国渠的建成，极大地促进了关中地区农业生产的发展，壮大了秦国的经济实力。该渠道西起陕西泾阳县的谷口，向东傍北山南麓，最终注入洛河，全长125公里，总灌溉面积为4万余顷，相当于今天200多万亩。郑国渠的修建不仅体现了当时水利工程修建的最高技术水平，也为关中地区的农业发展做出了重要贡献。

尽管郑国的初衷是为了"疲秦"，但主持修建郑国渠过程中，郑国展现出了极高的专业素养和敬业精神，最终使得这一工程成为

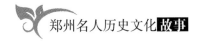

造福后人的伟大水利工程,实现了从"疲秦"到"资秦"的转变。

战国末年,七雄争霸,持续数百年的诸侯混战愈演愈烈。秦国凭借其强大的军事力量和行之有效的政治改革崭露头角,展现出君临天下的态势。韩国与秦国接壤,是秦国东出的第一道关卡,也是七国中国土面积最小、军事实力最弱的国家。一旦秦国向东扩张,韩国必将首当其冲。据统计,从公元前403年立国到公元前249年,韩国共受到秦国较大的进攻19次。公元前265年开始,秦国几乎每年都从韩国夺取土地。面对朝不保夕的残酷局势,韩国统治者不得不认真思考国家未来的命运。

《史记·河渠书》记载:韩闻秦之好兴事,欲罢之,毋令东伐,乃使水工郑国间说秦,令凿泾水自中山西邸瓠口为渠,并北山东注洛三百余里,欲以溉田。韩桓王和众大臣群策群力,终于想出了一个自认为高明的办法,那就是派水工郑国游说秦国,要他们在渭水支流泾水和北洛水之间开凿水渠,灌溉关中平原农田。表面上是帮助秦国发展农业,实则借此消耗秦国国力,使其无力东伐。公元前247年,13岁的嬴政即位,郑国也来到秦国,正式实施以"技术援建"为名的疲秦之计。自商鞅变法以来,山东六国的士子入秦为官是平常事。雄才大略的嬴政也明白,关中地区降水稀少、土地贫瘠,想要征战四方,必须解决粮草问题。因此,当郑国这样一位曾参与过治理荥泽水患、整修鸿沟之渠等工程的水利专家献上计谋时,秦王便欣然采纳他的建议,命其主持工程,并投入大量人力物力予以支持。

不巧的是,水渠尚未修成,郑国的间谍身份就被曝光。秦王十分愤怒,郑国则辩解说:"我确实是作为间谍来到秦国,但开挖这条水渠只不过能为韩国争取几年时间,为秦国建立的却是万世之功。"嬴政听后,深感有理,于是让郑国继续修渠。历时10年,全长300里、横跨渭北平原的水渠终于完工,被命名为"郑国渠"。战国时期,关中平原的渭北地区多为盐碱地,不适合农作物生长,因此军队作战时必须从更远的地方调动粮草,行军成本大大增加,制约了秦国东进的步伐。郑国利用关中平原西北高、东南低的特点,将干渠渠线布置在关中平原二级阶梯的最高线上,让水顺流而下,实现自流灌溉,沿途流过尽可能多的田地,显著改良盐碱化土壤,从而提高粮食产量。《史记·河渠书》记载:"渠成,注填淤之水,溉泽卤之地四万余顷,收皆亩一钟,于是关中为沃野,无凶年,秦以富强,卒并诸侯。"土地 4 万余顷,亩产粮食一钟约合 232 斤,在当时的农业生产技术条件下,是一个相当高产的数字。郑国渠的修建,使渭北地区从泽卤之地变成良田沃野,成为秦国"卒并诸侯"的后勤保障,为秦国一统天下打下了基础。

郑国渠的作用,不仅仅在于它发挥灌溉效益的 100 余年,还在于首开了引泾灌溉之先河,对后世引泾灌溉产生了深远影响。秦以后,历代继续在这里完善水利设施,历经汉代的白公渠、唐代的三白渠、宋代的丰利渠、元代的王御史渠、明代的广惠渠和通济渠、清代的龙洞渠。汉代有民谣:"田于何所?池阳、谷口。郑国在前,白渠起后。举锸为云,决渠为雨。泾水一石,其泥数斗,且溉且粪,长我禾黍。衣食京师,亿万之口。"称颂的就是引泾工程。

引泾工程历经两千多年的沧桑巨变,在泾阳县王桥镇西部的张家山,这里不仅山清水秀,风景秀美,而且保存着历代引泾渠首遗址,如同一块块水利的活化石,带领我们进入这个天然的水利断代史博物馆,领略中国古代的灿烂文化。

除历代故渠外,还有大量的碑刻文献,堪称蕴藏丰富的中国水利断代史博物馆,现已列入国家级文物保护单位。今日,陕西省咸阳市泾阳县城泾干大街中心广场内,主题雕塑为郑国雕像,雕塑底座为八面浮雕,反映郑国开渠以及由此引发的一系列历史事件,周边配以文化迹象柱,相互衬托,协调统一,蔚为壮观。

(作者单位:郑州工业应用技术学院)

陈胜小传

吕宏军

　　陈胜(？—前208)，字涉，阳城(今登封告成镇)人，是中国历史上第一次农民起义的首领。陈胜自幼务农，母子二人相依为命，至贫至孝，常与群儿游戏于田间，遇物同分，深受拥戴。渐次年长，除种地外常以卖煤为生。少时给地主种地，在田间闷闷不乐地对伙伴说："苟富贵，勿相忘！"伙伴笑答："若为庸耕，何富贵也！"陈胜叹息说："嗟乎！燕雀安知鸿鹄之志哉！"

　　秦二世元年(前209)七月，在阳城征调九百贫民，由两名军官率领到渔阳去戍边地。这两个军官挑选陈胜、吴广做队长，督促赶路。他们走到蕲县大泽乡，天降大雨，陈胜、吴广估计到渔阳要误期限。秦法苛严，误期者斩。二人被迫杀了两个军官，号召大家一同起义，陈胜慷慨激昂地说："王侯将相宁有种乎？"九百戍卒一齐响应揭竿起义，砍树木做武器，用竹竿做旗帜，个个祖露右肩，宣誓共同战斗。起义军攻占了大泽乡和附近几个县域，不到一个月起义军发展到几万人，骑兵1000多人，战车700辆，自立国号"张楚"，都于陈(即陈州淮阳)。这时，北至燕赵，南到吴越，各城农民纷纷杀官吏、攻郡县，积极响应，陈胜将他们一一收下，命朱房、胡武帮助自己指挥兵将，命吴广攻荥阳，武臣攻邯郸，邓宗攻九江，周文攻咸阳。咸阳是秦时军事重镇，由宰相李斯的儿子李由防守，一时久攻不下。周文便向西进攻，一路上收人马10万余，浩浩荡荡

一直打到函谷关。秦二世命章邯为将,赦免骊山囚徒罪过,全部整编,抗击楚军。激战 2 个多月,周文失败自杀。章邯增援咸阳,吴广因与部将田臧、李归作战计划有分歧被田臧杀害。田、李与邯战皆死。陈胜称王后虚荣腐化,故友皆逃去,身旁无亲人,朱房、胡武在评名将领的战历时,以苛刻考察为尽忠,引发对陈胜的不满。陈胜被章邯打败后,于败退途中被他的车夫庄贾所杀。陈胜死后葬于砀山。

太史公对陈胜的评价是"苛察为忠",诸将故不亲附,但他确认为"陈胜虽死,其所置遣诸侯王将相竟亡秦,由涉首事也"。正因为他是首先起义的,振臂一呼而天下响应,终于使暴秦灭亡,所以汉定天下之后,高祖谥他为"隐王",置守冢 30 家,血食 400 多年,到王莽失败以后,才算终止。

(摘自吕宏军主编的《登封市志》,中州古籍出版社 2008 年版,有改动;

作者单位:中共登封市委党史和地方史志研究室)

典农中郎将任峻

宫银峰　汪　鹏

任峻,字伯达,生年不详,卒于建安九年(204),河南中牟人,东汉末年名士。东汉末至三国时期是中国历史上的重要时代,其间有黄巾大起义,有群雄割据,呈现出纷争兼并的局势,发生过不少动人心魄的战争,也出现了不少叱咤风云的人物。地主与农民的阶级斗争和统治阶级内部的斗争都十分错综复杂。任峻是曹魏集团中的重要人物,是东汉末期政治舞台上的一名有识之士,曹操委以屯田重任,在恢复和发展中原农业生产方面起了重大的作用,为曹操统一北方奠定了经济基础,得到曹操的信任和好评。曹操生前常对人说:"中牟任峻,我之挚友。"足见曹操与任峻关系之亲密程度。

任峻出生在中牟县城,自幼喜读诗书,为人敦厚务实,青年时期就被乡人称为饱学通达之士,赞为国之良才。东汉末年,先是黄巾农民大起义,接着是董卓挟制汉室,大乱宫廷,党锢纠纷,激起各地豪杰纷纷起兵,逐鹿中原,群雄割据,天下大乱,人心惶惶。中牟县令杨原非常害怕,打算弃官逃走。任峻得知后,拜见杨原献计说:"董卓首乱,天下莫不侧目,然而未有先发者,非无其心也,势未敢耳。明府若能唱之,必有和者。"(《三国志·魏书·任峻传》第十六)意思是说董卓首先挑起国家祸乱,天下人没有不斜着眼睛看的,之所以没有对他发起攻击,原因是实力还达不到,如果有人能够率先打出反对董卓的旗帜,天下一定会有响应者。杨原对任峻的话颇感兴趣,急切地询问:"为之奈何?"任峻接着说:"今关东有十余县,能胜兵者不减万人,若权行河南尹事,总而用之,无不济矣。"任峻指出天下已经分崩离析,关东有十余县,能充军者不下万人,若能以河南尹号令关东,振臂高呼,收集众人,建立军队,大事可成。杨原采纳了任峻的建议,命任峻为主簿,负责文书事务。于是,任峻为杨原修书,说明董卓祸乱天下,中牟令为拱卫朝廷,行河南尹事,宣布下属各县坚守地方,同时集结丁壮士卒,组建军队,准备发兵。此时,曹操已在关东起兵,率领军队已入中牟地界。杨原胆小怕事,没有明确的军事行动方略,部卒不知所从。任峻因久已仰慕曹操的才学谋略,有意率众人投奔曹操。于是私下找到同郡张奋商议,举郡中军归并曹操。同时又招收宗族、家兵及宾客数百人,一并归附曹操。曹操非常高兴,封任峻为奇都尉。曹操与任峻畅谈,深觉任峻不仅为人敦厚,且才学出众,于是将自己的叔伯妹妹许配任峻,以股肱之士兼内弟之亲,曹操对任峻言听计从,十分信任。

曹操多带军征伐,留任峻据守后方,筹集粮草以为大军粮运供应,每使曹操虽败而能复震。由于董卓的烧杀和连年的军阀混战,人口稠密的中原地区田地荒芜,百姓流离失所,加上水利失修,灾荒频起,农业生产遭到严重破坏。《三国志》引《魏书》说:"自遭荒乱,率乏粮谷。诸军并起,无终岁之计,饥则寇略,饱则弃余,瓦解流离,无敌自破者不可胜数。袁绍之在河北,军人仰食桑葚。袁术在江、淮,取给蒲蠃。民人相食,州里萧条。"当时不仅民无隔夜之粮,食不果腹,即便各地军阀也普遍缺粮,像袁绍、袁术这些割据一方的军阀,尚且只能用桑葚和水中的软体动物蛤蚌充饥,那些缺少地盘、无所凭借的流散军队,情况就更为严重。常言说兵马未动、粮草先行,当时有不少军阀就是因为缺少粮食而不战自溃的。因

此，粮食问题在当时来说是一个对军阀存亡带有普遍性的大问题。陈寿在《三国志·魏书·武帝纪》中说："是岁（建安元年）谷一斛五十余万钱，人相食，乃罢吏兵新募者。""夫定国之术，在于强兵足食，秦人以急农兼天下，孝武以屯田定西域，此先代之良式也。"

曹操自幼熟读兵法，他在为孙武《兵法》作注时，看到孙武所说"军无辎重则亡，无粮食则亡，无委积则亡"。曹操对此三点亡兵之道深有感慨，认为"无此三者，亡之道也"。曹操不仅从理论上深知军队不可一日无粮，无粮则不战而自溃，而且在自己转战南北之中，也深切体会无粮之困窘。在和吕布争夺兖州的时候，因军队粮食短缺，陷入困顿，多亏东阿人呈昱"略其本县，供三日粮"（《三国志·魏书·呈昱传》第十四引《世语》）。曹操深刻认识到军粮的重要。建安元年（196），曹操迎接汉献帝刘协迁都许昌，为了稳固统治，征伐四方不命之臣，保证军粮供应，曾命臣下各出良策，枣祗、韩浩、任峻等人先后向曹操提出屯田以自救的措施。《三国志·魏书·任峻传》第十六引《魏武故事载令》云："故陈留太守枣祗，天性忠能。始共举义兵，周旋征讨。后袁绍在冀州，亦贪祗，欲得之。祗深附托于孤，使领东阿令。吕布之乱，兖州皆叛，惟范、东阿完在，由祗以兵据城之力也。后大军粮乏，得东阿以继，祗之功也。及破黄巾定许，得贼资业。当兴立屯田，时议者皆言当计牛输谷，佃科以定。施行后，祗白以为僦牛输谷，大收不增谷，有水旱灾除，大不便。反复来说，孤犹以为当如故，大收不可复改易。祗犹执之，孤不知所从，使与荀令君议之。时故军祭酒侯声云：'科取官牛，为官田计。如祗议，于官便，于客不便。'声怀此云云，以疑令君。祗犹自信，据计画还白，执分田之术。孤乃然之，使为屯田都尉，施设田业。其时岁则大收，后遂因此大田，丰足军用，摧灭群逆，克定天下，以隆王室。"由此可知，任峻在力主曹魏屯田、丰足粮草供应方面，看得很准，而且意志很坚定，最终其善言为曹操所采

纳。于是任命枣祗为屯田都尉,任峻为典农中郎将,开始在许县实行拓荒播种,屯田养马,以解决兵马粮草问题。

枣祗许下屯田,从范围上来说,是以许县为基地,然后向各郡推广的。在组织形式上,分军屯和民屯两种。军屯是以军营为生产单位,每营有 60 个佃兵,农时从事耕作,战时随军参加战斗,平时士兵一面耕种,一面训练防守。由于曹操部队主力大多是收编的农民起义队伍,起义军本来就是农民组织起来的,不管男女老少,他们都有着相当丰富的农业生产经验和熟练的劳动技能。这些人一旦和土地结合起来,便会发挥出潜在的巨大能量。所以,曹操的军屯收效是很明显的。所谓"民屯",就是招募流亡的百姓,把他们组织起来,令其耕种荒地。凡被编入屯田组织的人员,称为屯田客。每屯设司马一人,管理 50 个屯田客。这 50 个人集中在一个地方耕种,由军官身份的农官来具体管理。屯田的农民直属于国家,自成系统,不属郡县领导,自上而下,都有专门负责的官员。中央有枣祗任屯田都尉,任峻为典农中郎将,负责全国屯田事宜。郡设典农校尉,县设典农都尉,屯设屯司马,凡被编入屯田组织的人员不需服兵役和徭役。屯田收获物资的分配办法为,凡参加屯田的农民使用自己的耕牛耕种的,收获的物资,一半交给政府,自己得一半;凡使用政府耕牛种田的,与政府四六分成。从这些规定看,政府对农民虽然有剥削,但民屯使许多脱离土地的农民复归田亩,既解决了天下饥荒、人民相食、到处流离、朝不保夕、惨死沟壑的惨状,又使农业生产得到了恢复和发展,军队有了充足的军粮,农民有了稳定的生产、生活环境,社会秩序得到稳定。同时农民不服徭役、不交租税以及就地取军粮,减轻了农民的徭役、赋税负担。因此,广大农民对屯粮是持欢迎态度的,都乐意接受屯田政策,积极参加农业生产劳动,生产得以很快发展。"是岁乃募民屯田许下,得谷百万斛。于是州郡例置田官,所在积谷。征伐四方,无运

粮之劳,遂兼灭群贼,克平天下。"(《三国志·魏书·武帝纪》第一)"数年中所在积谷,仓廪皆满。"(《三国志·魏书·任峻传》第十四)

　　曹操许下屯田获得了丰硕的成果,也取得了丰富的屯田经验。连年战争,人口锐减,大片土地荒芜。人口最为稠密的中原尚且"千里无鸡鸣,白骨露于野",何况边远地带,战争的摧伤力是很大的。曹魏的许下屯田,使许都附近许多荒芜的土地得到开发,农业生产恢复。原来瓦砾遍地、荆棘丛生的荒山野地,又重新恢复起田野葱茏、人民喜气洋洋的繁荣景象。"禾稼盈野,阡陌相连。"将士欢呼雀跃,人民笑逐颜开,许都沉浸在一片欢乐祥和的氛围之中。之后,曹操又把许都成功的屯田经验推行全国,凡属曹魏控制范围之中,郡县一律置田官,广泛屯田,集聚军粮。甚至东吴和荆、益也都效仿许下,纷纷实行生产以自救。

　　建安五年(200),曹操与袁绍屯兵官渡,以争夺天下。"太祖使峻典军器粮运。贼数寇钞绝粮道,乃使千乘为一部,十道方行,为复陈以营卫之,贼不敢近。"(《三国志·魏书·任峻传》第十四)当曹操和袁绍在中牟官渡进行决战的时候,袁绍常常派兵偷袭曹操的粮道,当时,负责粮食供应的任峻就将粮车以一千辆车为一队,行进的途中派兵严密护卫,使袁绍偷袭曹操粮道的计划落空了,确保了曹操官渡之战的胜利。

　　由于任峻勤于公事,尽心竭力,才干出众,屡次立功,尤其屯田,建有大功,曹操上表朝廷,封任峻为都亭侯,食邑三百户,后来又升任长水校尉,寄予很大的信任。

　　任峻为人宽厚而有度,见识深远,"每有所陈,太祖多善之"。任峻品德高尚,有仁爱之心,慌乱之年,常救贫扶弱,"于饥荒之际,收恤朋友孤遗,中外贫宗,周急继乏,信义见称"。(《三国志·魏书·任峻传》第十四)

在饥荒的时候,任峻收留抚恤朋友的遗孤,远近的贫困的亲戚都受到他的周济,其信义为人称道。

建安九年(204),任峻因病去世,曹操十分悲痛,亲自祭奠任峻,"太祖流涕者久之"。对任峻表示深切哀悼和缅怀。为告慰任峻的在天之灵,曹操让任峻之子任先袭封都亭侯,另一子任览被封为关内侯,以示曹操对功臣以及遗骨的厚重和奖掖。

(摘编自宫银峰、汪鹏主编的《郑州古代名人》,河南人民出版社2008年版,有改动;作者单位:郑州市社科联、郑州师范学院)

文苑无处不"潘安"

——浅谈"潘安文化"在中国文化中的渗透

王曜卿

晋代河阳县令、著作郎、散骑侍郎、黄门侍郎潘岳,对其谙熟者可能不多;提起与陆机齐名、与潘尼共享"两潘"的西晋文学家潘安仁,喝过几年墨水、喜读诗文词赋的则知者甚众;再提起名噪四方的美男子潘安,就更是家喻户晓、妇孺皆知了——其实,这三个名字指的是一个人,他就是中牟县城关镇大潘庄人,姓潘名岳字安仁,俗称潘安。

潘安之名是怎么来的?唐代宗广德元年(763),杜甫在《花底》诗中写道:"恐是潘安县,堪留卫玠车。"诗圣为了诗句平仄协调、对仗工整,擅自将潘安仁的名讳删去一字,便有了"潘安"的名号。又过了百年,诗人陆龟蒙以同样的原因在《幽居赋》中写下"潘安馆里,当闻奈素瓜甘,庾信园中,亦话枣酸梨酢"。从此以后"潘安"就慢慢被人叫响了。

"潘岳"之名能在漫漫历史长河中留下灿烂的痕迹、产生深远的影响,原因是多方面的。

首先是他的美貌。从正史的记载到俗世的传说,潘安的美貌传讼千载。这个美男子美到什么程度?"岳美姿仪……少时常挟弹出洛阳道,妇人遇之者,皆连手萦绕,投之以果,遂满车而归。"(《晋书·潘岳传》)在那个男女授受不亲的年代,能让众多陌路的夫人小姐留恋忘归、群起嬉戏、掷果示爱,应该是到了"绝美"的程度吧!正史中刻意记述一个男子的美貌,这样的实例并不是很多,这也是历代文人所吟咏的一个热点。

潘岳22岁作《藉田赋》,遭到权臣山涛等人的妒忌,晋武帝泰始八年(272),贾充任26岁的潘岳为司空掾,更遭山涛等一批老臣嫉恨。这年三伏盛夏,山涛称潘岳的美貌有假,是浓妆重粉遮掩,奏请晋武帝让潘岳身穿冬装到殿外候旨,想让汗水冲掉脂粉,露出本来面目。不到半个时辰,潘岳已挥汗如雨,非但没有粉黛流落,反而越晒越美、肤如凝脂,红中泛白、白里透粉,为倾朝官宦所折服,为村野百姓所传颂。

其次是他的文采。潘岳"少以才颖见称,乡邑号为奇童"。一篇《藉田赋》使其"才名冠世,为众所疾,遂栖迟十年"。他位列西晋文人"二十四友"之首,善缀辞令、长于铺陈、造句工整,文辞清浅雅丽、感情真挚细腻,充分体现了太康文学讲求形式美的倾向,"潘诗烂若舒锦,无处不佳……陆(机)才如海,潘(岳)才如江"(钟嵘《诗品》),"岳美姿仪,辞藻绝丽,尤善为哀诔之文"(《潘岳传》),"易入新切,所以隔代相望"(刘勰《文心雕龙》),正是对他文采的精确评价;范文澜先生称其为"中原文士的首领",是丝毫不过分的。他一生著有诸多名诗佳赋,明代张溥辑《潘黄门集》,收其诗15题(内分为46首),赋19篇,诔11篇,哀文祭文12篇,首首文笔华美精绝,篇篇文风清绮哀艳,尤其是他的《闲居赋》《悼亡诗》等,"淋漓倾注,宛转侧折",动人心弦,史书称其"潘著哀词,贯人之灵情"。

再次是他作品中透出的"千古高情"。包括真挚浓烈又杂以悲戚缠绵的、多元化的复杂感情,包括对黑暗官场的鄙视而无奈之情,对乱世的忧郁而疾愤之情,对美好生活的热爱之情,对光明前途的执着之情,对长辈的至孝之情,对妻儿的钟爱之情,对朋友的

坦诚之情,对百姓的关爱之情等。在他的生活中,既有归于自然而"筑室种树,逍遥自得"的闲情逸趣,又有囿于世俗而"三十有二,始见二毛"的郁郁寡欢;既有"投分寄石友、白首同所归"的慷慨豪迈,又有"怅怳如或存,周遑忡惊惕"的低语哀叹;既能够"祗奉社稷守,恪居处职司",又敢于"岂敢荒宁,一日三省";既有闻听功臣马敦蒙冤而"微臣讬乎旧史之末,敢阙其文"、挥笔写下《马汧督诔》的义愤之举,又有为讥讽位高权重但无所作为的老臣山涛等而作《阁道谣》以讥讽的出人意料举动……总之,他是多种矛盾情绪的集合体,正是这种微妙的复合型情感,生发了后人可以吟咏寄情的空间。

最后还有他行为上体现的传统美德。潘岳一生"种花满县",有为官"虽无君人德,视民庶不恌""岂敢陋微官,但恐忝所荷"的勤政之举;有与朋友"白首同所归""接茵连璧"的好结善交之事;有对老母"灌园鬻蔬、供朝夕之膳,牧羊酤酪、俟伏腊之费""辞官奉母、板舆养亲"的至孝之行;有对爱情忠贞不贰,对亡妻"望庐思其人,入室想所历"的痴迷之状;有对夭子"追想存仿佛,感道伤中情"的相思之痛……这些都是中华民族传统美德的浓缩,是广为后人题咏的重要因素。他孝顺至极,赡养母亲,成为后世效法的楷模。他50岁时,母亲偶感风寒、思乡心切,想回故里颐养天年,他毅然辞去长安县令之职,回到洛阳供养慈母,甘受清贫的生活,自己动手牧羊挤奶、耕田种菜,"弃官奉亲"之事被收入明代权吉祥编撰的《二十四孝》,足见其至孝之情的厚重了。

总之,潘岳其人,可以"潘安文化"一言以蔽之,并不仅仅在于他的青史垂名,更在于其人其名其事在中国文化中的广泛渗透。作为史来亿万万人中的一员,以一人之名在中国文化中的渗透,出其左者实不多见。仅就艺文方面来说,纵观古今各类作品,咏潘岳其人其事者,在魏晋辞赋、唐诗宋词、元曲杂剧、明清小说、鼓曲唱词、戏曲曲艺、成语俗语、灯谜谣谚等各类文艺体裁中,均属屡见不鲜,他的名字已经渗透到了从大俗到大雅、从阳春白雪到下里巴人全方位的文化领域,真正达到了尽人皆知、雅俗共赏的程度。

"潘安文化"在各类文化形式中的渗透,主要来自他得以青史留名的几个因素,包括由此而形成的成语典故、轶闻趣事,以及由其美貌和活动而衍生出来、广为流传的故事。"潘安文化"的渗透方式,一是直接出现潘岳之名或代称,如诗词曲赋引用"潘岳""潘安""潘郎""安仁""檀郎""檀奴""潘令""潘生""潘怀县""潘河阳""潘骑省"等。二是直接出现潘岳的事件或典故,如引用"掷果盈车""白首同归""潘鬓""连璧"等。三是直接引用或间接、转义引用潘岳之诗文,如杜甫的诗句"张梨不外求",看似与潘岳无关,实则"张梨"是化用潘岳《闲居赋》中"张公大谷之梨"的意思。四是暗用涉及潘岳的典故。

一、在成语典故中的渗透

作为人们长期习用的定型词语,成语在各种语系中都大量存在,汉语中的成语更为丰富,其明显特点是每个成语往往都有出处,有些背后还深藏着一个典故或一段精彩的故事。汉语成语有两三万条之多,笔者统计了一部收词一万多条的成语词典,其中与潘岳有直接关系的多达40余条,其中还不包括由一个成语转义而产生的新成语。

这些成语中,出自潘岳诗赋词句的30多条,数量之多,仅次于传世作品数量数十数百倍于潘岳的诗圣杜甫,不输于诗神白居易,超过诗仙李白。其中有些成语脍炙人口、使用频繁,如心照不宣(出自《夏侯常侍诔》),宠辱不惊(出自《在怀县作》),缠绵悱恻,目光炯炯(出自《寡妇赋》),豁达大度,洛阳才子(出自《西征

赋》)、桃李不言、下自成行(出自《太宰鲁武公诔》)、池鱼笼鸟(出自《秋兴赋》)、摧心剖肝(出自《泽兰哀辞》)、感今怀昔(出自《为诸妇祭庚新妇文》)、白首同归(出自《金谷集作诗》)、街号巷哭、虎口之厄(出自《马汧督诔》)、黄发垂髫、菜蔬之色(出自《藉田赋》),等等。另一类是直接言及潘岳其人其事的,如掷果潘郎(掷果潘安)、望尘而拜、救过补阙、潘杨之睦等,其中均包含了关于潘岳的精彩故事。还有一类,是通过对潘岳的才华、美貌、情感的概括提炼,来描述一种境界、一种情绪,形容人或事,如潘江陆海、宋才潘面、檀郎谢女、沈腰潘鬓、愁潘病沈、潘文乐旨、彪炳千古等。此外,还有一些别人作品中记述潘岳其人其事的,如抽演微言、负衡据鼎等。

成语中往往蕴含着典故,典故却不一定是成语。与潘岳有关的成语中,大多本身就有典故,之外,还有很多典故直接涉及潘岳,如潘陆、潘江、潘掾、潘杨,潘貌、潘面、潘鬓、潘年,潘县、潘车、潘舆、板舆,潘簪、潘床、潘园、潘室,潘花、潘果、潘鱼、潘赋,连璧、遗挂、花县、掷果,等等。

二、在诗词曲赋中的渗透

诗词曲赋是中华优秀文化中的瑰宝,具有形式美、内容美、寓意深刻、辞约意丰的特点,自古以来,诗词就是文人雅士们借以抒发情感、写景状物的重要方式,历史上不断积淀、留下大量的为人传诵的名篇佳句。在诗词文化中的渗透,应该说是衡量一个人社会影响的重要依据。

与潘岳同时代并与潘岳并称"江海"的陆机(字士衡),在《赠潘岳诗》中称他"明德惟允";1935年秋,郭沫若在一次讲演时,几个汉奸往台上扔梨子、苹果对他进行袭击,郭老神态自若,对其嗤之以鼻,发表"权宜梨儿作炸弹,妄将沫若叫潘安"的诗句作为回击(《郭沫若传》)。那么,历来究竟有多少人留下了多少吟咏潘岳、借潘抒情言志的诗词,或者说潘安文化在诗词中的渗透力到底有多强?笔者查阅诗词曲集百余册,得出下面一组数字。

集唐、五代诗词佳作名篇之大成的《全唐诗》及其补编,收录吟咏潘岳的诗词 300 余首,占其总数的 0.6%。当然,其中更多的是借潘岳之典故(包括名典、事典和潘岳作品引文),抒发自己的情怀,我们权且称其为"咏潘诗词"。收录宋词最多的《全宋词》,收录咏潘诗词 210 余首,占其总数的 1% 以上。北京大学李铎博士开发的《全宋诗》电子检索版,收录咏潘诗词 700 余首,也占总数的 1% 左右。《全元曲》收录吟咏潘岳的散曲近 60 首,占其总数的 0.6% 左右。《清名家词》收录咏潘诗词近 200 首。元代、明代的诗、词,明曲,清诗及清曲没有大规模的结集,仅从一些个人集或合集的诗词小册子中,所查到的就有近 300 首。这样,本书收录的晋至现代咏潘诗词,筛选后的总数为 1730 多首,这是历史上其他任何一位名人都望尘莫及的,如果加上遗漏的部分,再加上历代文、赋等其他体裁中吟咏潘岳的内容,必然是一个更庞大的体系,"潘安文化"对后世的影响足可由此而窥见一斑!

西晋以来,有七八百位诗、词、曲作者写过咏潘的诗词,其中不乏名门大家:"初唐四杰"除杨炯之外,其余三人均有;盛唐的诗仙李白、诗圣杜甫,并称诗天子的王昌龄、王维;掀起中唐新乐府运动的元稹和诗神白居易;为晚唐诗抹上最后一道金光的杜牧、诗豪李商隐;等等。涉及的作者,上至帝王将相、达官贵人,下至鱼玄机、薛涛、李冶等才女,乃至很多无名者,都常常借潘岳之名之事作诗填词,在历代各类人物中,可与之相比者几乎没有。宋代咏潘诗词涉及作者更多,有 350 多人,其中不乏苏轼、秦观、晏殊、王安石、欧阳修、周邦彦、黄庭坚、张元幹、刘克庄等大家的力作,个人作品数

量也更多,刘克庄有 31 首,状元宋祁 20 首,张耒、楼钥各 19 首,10 首以上的还有杨亿、喻良能、黄庭坚、贺铸、杨万里、梅尧臣、苏轼、项安世、宋庠、文彦博、陈造、王禹偁等。金元以后同样是这种状况,基本特点仍是涉及面广、名门大家多、诗作数量庞大。

在这些诗词作品中,各种风格、流派的作品均有涉及,豪放派的作品,以"潘鬓"为代表,抒发抑郁、激愤之情者为主体。柔情、婉约派诗词,以"潘郎""掷果"为代表,借以表达男欢女爱及浪漫情怀者占主流。

三、在诗论韵书中的渗透

历代诗论中,多有论及潘岳之诗赋者,这可以说是对潘岳及其诗赋最初的中肯评价。南朝钟嵘的《诗品》,引谢混之语称"潘诗烂若舒锦,无处不佳",并屡屡将左思、张协等的诗作与其相比。刘勰的《文心雕龙》称"潘岳敏给,辞自和畅",对他的哀诔之作更是赞不绝口。元代陈绎曾的《诗谱》说"安仁质胜于文,有古意"。明人杨慎在《升庵诗话》中称"掷果潘郎谁不慕,砾门别见红妆露"。明代王世贞的《艺苑卮言》引用孙兴公之语:"潘文烂若披锦,无处不善。"此外,还有不少诗论文章谈到潘岳的作品,如宋人龙衮的《全唐诗话》、吴聿的《观林诗话》,明代瞿佑的《归田诗话》,等等。当然,对潘岳诗赋报以微词的也有,是见仁见智罢了。

赋诗填词离不开声韵,因而也离不开韵书。唐人李瀚的《蒙求》中有"魏勃扫门,潘岳望尘"之句,明代司守谦的《训蒙骈句》有"烟花潘岳县,夜月严陵滩"之对,明代杨林兰的《声律发蒙》有"潘令闲居,温公独乐""苏武不降心似铁,潘安未老鬓如丝"之联。明以后的韵书,以清初戏剧家李渔的《笠翁对韵》为典型代表,它以"平水韵"为基础,基本成了文人雅客不可或缺的工具书,其中三次出现潘岳的名字和典故:"陕右棠高怀召伯,河南花满忆潘安""潘岳高怀,曾向秋天吟蟋蟀;王维清兴,尝于雪夜画芭蕉""沈腰对潘鬓,孟笋对卢花"。此后的其他韵书也是如此,如清中期车万育《声律启蒙》中的"世仰双仙,元礼舟中携郭泰;人称连璧,夏候车上并潘安""潘岳不忘秋兴赋,边韶常被昼眠嘲""寒集谢庄衣上雪,秋添潘岳鬓边霜""露浥好花潘岳县,风搓细柳亚夫营",今人靳中人《新声律启蒙》的"铭陋室,赋闲居""陆海对潘江",蒋兰实《联韵新编》的"锦城对花县,绿野对青郊",等等,此类例子不胜枚举。

四、在古今小说中的渗透

合辙押韵的诗词歌赋咏潘,散文故事为描述人物、铺陈情节也要用潘。中唐时期,古白话小说渐趋成熟,白话小说走向成熟的代表作之一、元稹的《会真记》首次用潘安形容"性温茂,美风容"的美公子张生,称其"清润潘郎玉不如"。此后的小说中写到容貌出众、才华横溢的美男子,每每以"潘安""潘郎"之类的词句与才高八斗的曹子建(曹植)、学富五车的宋玉、文采出众的司马相如、才思敏捷的诸葛亮等相提并论,这也是中国白话文学、包括戏曲曲艺等民间文学,在描写人物方面的一大特色。

以潘安喻美男的例子不胜枚举,不仅一般作者这样用,很多大家也乐此不疲。宋人李昉的《太平广记》不是小说,但它收录的野史传记、小说家著作中,不乏潘安、西子的形象。明人冯梦龙的"三言两拍"中"才过子建,貌似潘安""如潘安再出"的词句屡现不竭。清代曹雪芹的《红楼梦》,多处使用"富比石崇,才过子建,貌比潘安""满纸潘安子建、西子文君""潘安之貌,邓通之财"的词句;李汝珍的《镜花缘》中,女儿国国王的保母看林之洋的尊臀,也是"貌比潘安,颜如宋玉";就连古代禁书《金瓶梅》,也时不时地将浪子

西门庆说成"貌比潘安"。

古人如此，今人也未脱此套；言情小说如此，武侠小说也不甘落后。现代名流郁达夫在杭州聚丰园与妻子王映霞的祖父王二南先生对饮，不断将自己与潘岳相比。当代作家莫言在一篇文章中自我解嘲："如果是貌比潘安，暴露了正是一件幸事；如果是貌比莫言，暴露了岂不麻烦？"金庸的多部作品，都将笔下的武林高手写得兼具潘安的美貌。萧逸的《潘郎憔悴》，干脆将潘郎作为那个剑侠主人公的代称。

五、在中国戏剧中的渗透

如果说诗词歌赋是阳春白雪的高雅文化，戏剧、说唱则是大众化的通俗艺术。诗词歌赋的咏潘作品，多是吟诵潘岳的文才、雅事，更多的是借潘岳之典抒发自己的情怀，相比之下，潘安文化渗透在通俗文化中的，则更多是描述人物外在的东西，像以沉鱼落雁、闭月羞花形容美女一样，用潘岳之美貌寓意容貌姣好的男子，为剧中的人物开脸，这也是中国戏剧中的一个传统了。

才子佳人是中国戏剧中一个永恒的主题，文化界一般认为，才子佳人戏可以说是王实甫的《西厢记》开的先河，而这部《西厢记》中就四次出现"憔悴潘郎鬓有丝""潘安般貌，子建般才"的词句。其实，从元稹的《会真记》，到金人董解元的《西厢记诸宫调》，直到当代南方曲艺名家杨振雄的长篇弹词《西厢记》，这个传统一直被保留着。此后，以潘安形容美男更成为戏剧的一种定式，成了传统戏剧乃至一些现代戏的保留台词，历代的戏剧中都不鲜见。元代白朴的《董秀英花月东墙记》，"孤眠独枕教人闷，愁潘病沈教人恨，行迟力顿教人困"的唱词如律诗一般典雅；再如张寿卿的《谢金莲诗酒红梨花》，无名氏的《郑月莲秋夜云窗梦》《逞风流王焕百花亭》等,各剧不甘落后。在明代朱有燉的《曲江池》中,李亚仙赞郑元和"盛比潘安容貌美"。在文人中影响较大的、孔尚任的《桃花扇》,潘安的名字也出现多次。清代方成培的《雷峰塔》中,白娘子称许晋贤是"潘安再世,宋玉重生"。

在广泛性方面,各地方剧种对潘安形象都不推拒。黄梅戏《女驸马》中,刘文举称女扮男装的冯素珍"果然貌赛潘安",冯素珍也自称"人人夸我潘安貌"。京剧《白蛇传》中,白素贞称许仙"好一似洛阳道巧遇潘安"。潮剧《王姑案》的王姑尚束英称庄小雪"美若宋玉,貌胜潘安"……这样的例子实在太多了,如昆剧《玉簪记》、越剧《追侄赶试》、黄梅戏《桂小姐选郎》、黔剧《潘安》、粤剧《蝶影红梨记》等,就连当世周星驰的喜剧电影《唐伯虎点秋香》,也没忘了来一句"我乃玉树临风赛潘安,一枝梨花压海棠"。

六、在曲艺艺术中的渗透

与戏剧相比,曲艺艺术以其灵巧、轻便的特点而更活跃,更受人们的喜爱,影响面也更大。不过,说唱艺术毕竟是一种俚俗的艺术,它的说唱之词主要靠口传心授方式传播,文人参与曲艺创作者实属凤毛麟角,因此,形成文字并长期、广泛地流传的作品并不多。唐代形成的变文,是我国见诸文字最早的曲艺说唱文本,从敦煌石窟发现的唐代《敦煌变文》中,就有很多关于潘岳的词句,笔者看过一部八卷本敦煌变文集,其中多处出现"假饶端正似潘安,掷果盈车人口会""上三皇,下四皓,潘岳美容彭祖少""阿娘昔日胜潘安"。

北方传统说唱《二十四孝》,直说潘岳"弃官奉亲"之事。当代曲艺作品,尤其是以唱为主叙述故事、抒发情感的作品,很好地继承并发展了以潘安指代美男子的传统,如京韵大鼓《秋江》描写道

姑陈妙常内心独白的一段,一句"他才同司马、貌比潘安,嗨、本来吗,相公他自己就姓潘……"恰如其分地表达了陈妙常对潘必正的爱慕。再如《大西厢》《拷红》等,现成的例子也是不胜枚举的。以说为主的曲目也不乏实例,刘兰芳、单田芳、田连元等人的许多评书,不仅在描述男子之美时用潘安、潘郎的词句,赞颂孝子的段子中也常常以潘安做铺垫。

说唱艺术在全国各地都有影响,北方如此,南方也是如此。依常理推断,花花世界的香港可能没有曲艺的市场,实则不然,粤曲在香港是一种十分重要、影响面极大的曲艺形式,尤其是从 20 世纪 80 年代末期以后,出现了专职作者,很快占领了高档的剧场,以潘安比喻的好男儿的词句逐步得到很多人认可,直至出现专门描写潘岳形象的曲目,如龙剑笙、梅雪诗演唱的《俏潘安之店遇》《俏潘安之洞房》,"男儿气度若潘安"之类的词句、"俏潘安"之类的形象,很有香港的地方特色,甚至还全方位地演绎出"武潘安"的形象。

七、在古今民歌中的渗透

民歌是一种流传面很广的口头文学,在一定时期它还是文人创作的一种表现方式,比如中唐至南北朝时期,社会处于动荡年代,很多文人浪迹民间,与人民群众同生死共命运,因此,有不少文人参与民歌创作,其流传后世的优秀作品为数不少,表现为一种文体就是"乐府",是那个时代高雅的民歌。在旧乐府这种题材中,有不少借潘安之名吟咏男女感情的作品,如庾信的"歌撩李都尉,果掷潘河阳",庾肩吾的"潘生时未返,遥心徒眷然",徐陵的"潘郎车欲满,无奈掷花何",王瑳的"曹王斗鸡返,潘仁载果来",等等。

唐、五代词中,更有很多是在勾栏瓦肆传唱的歌曲,其中很多作品属于文人的情歌。南唐后主李煜的"绣床斜依娇无那。烂嚼红茸,笑向檀郎唾",是一代君王的情诗,更像民间俚俗的情歌。宋词、元曲本身就是雅俗共赏、适于传唱的作品,很多名家名作其实就是广泛传唱中留存下来的。明清时期,文人与百姓间的距离拉得更大,冯梦龙纂辑的民歌时调总集《挂枝儿》《山歌》,全是民间自发传唱的时调小曲,格调虽比较浅俗,但明代天启、崇祯时却风靡一时,清初仍余势犹盛;相比之下,清代天津"三和堂"曲师颜自德传曲、官居员外郎的王廷绍纂辑的《霓裳续谱》,华广生纂辑、为世间广泛传抄的《白雪遗音》,格调倒稍嫌雅丽,这四部纯民谣性的作品中,也不乏吟咏潘岳之文辞。降及现代,民歌中唱潘岳者也不少,如东北民歌:"梨仙哥是美潘郎,杏仙娘是万人赞。"川黔民歌:"石板上栽花花儿黄,情姐喊着要潘郎。口喊郎君莫红脸,说个明白我收场。"山西民歌:"想妹妹想得我心不闲,等不来妹妹我胡盘算,寻个人捎句话对妹说说,情哥哥心病落寡潘安。"其实,这几首还是远远不具广泛的代表性的。

与大陆相比,台湾民歌中唱潘安的倒不少。台湾文学研究工作室整理的《台湾情歌二百首》,收录《木棉开花有一枝》《说到昭君兮人办》两首传统民歌。《陈三五娘歌》是一组很早传入台湾的闽南民歌(称《闽南语歌仔册》),其中一段为"美貌郎君骑骏马……不输潘安来转世"。由此可以看出,潘安文化在台湾也是深入人心的。

八、在其他方面的渗透

诗词歌赋中少不了潘安,儿童启蒙读物同样如此,如《幼学琼林》中的"鸾马不栖枳棘,羡仇番之为主簿;河阳遍种桃花,乃潘岳之为县官""掷果盈车,潘安仁美姿可爱;投石满载,张孟阳丑态堪

憎""潘岳种桃于满县,人称花县;于贱鸣琴以治邑,故曰琴堂"等。

对联是一种雅俗共赏的文化形式,文人对联中每每少不了潘安。文艺作品常引的"才同司马、貌比潘安""潘安美貌、宋玉奇才"等,本身就是对联。前述声律韵书的各例,对得更是工巧。古今楹联中,以潘岳之名吟对者也很常见,如"玉树临风胜潘安,铜雀深闺锁二乔""春雨来时,已见潘安泣血;秋风起处,又闻宋玉悲歌""郭林宗贞不绝俗,潘安仁闲可奉亲""半卷红笺思远客、一方素帕寄檀郎"等。以潘岳诗句入对者也不少,如扬州虹桥风景区丁头屋的楹联:"绿竹夹清水,游鱼动圆波。"前人留下一个关于"绝联"的故事:古时有位才女白花,曾出上联"家住长安,出仕东安,貌比潘安,才比谢安,修己以安人,修己以安百姓",开始连用两个地名:长安、东安(湖南南部),接着连用两个人名:潘安、谢安(东晋宰相),最后用两句孔子名言(出自《论语》),其中"安人"又是潘岳之字"安仁"的谐音,潘安的名字不知难倒了多少文人雅士,此联至今仍是绝对。

潘岳的名字和诗句,还有一个奇妙的作用,那就是制成谜语供人消遣,有些谜语也是很高雅的,如"掷果盈车(打一《诗品》句子——时见美人)""寒暑忽流易(打一物理名词,谜面出自《悼亡诗》——时速)",有些则比较通俗,如"出游遇雨意阑珊,頳颜嗔语怨檀郎(八字常用语——天下兴亡,匹夫有责)""潘郎俊美无瑕疵(打一交通用语——安全正点)""有潘安貌无子建才(打《三国》人名二——颜良、文丑)"。

除了在文化形态中的渗透外,潘安文化还渗透到了人们的日常生活中。苏州的著名园林"拙政园",其名来自潘岳《闲居赋》中的诗句:"灌园鬻蔬,……牧羊酤酪,……此亦拙者之为政也!"此名透着浓浓的文化味儿。雍正十一年(1733),直隶总督李卫奉旨在保定莲花池办书院、置宾馆;乾隆十年(1745),钦命将宾馆扩建为行宫。行宫内设课荣书舫,它"杀樱平榭,倚碧涵虚",清风素波、流芳赋采,花落庭闲、莲香池静,其名字"课荣"就出于潘岳《芙蓉赋》的句子"课众荣而比观,焕卓荦而独殊"。由此可见,除了在艺文领域的渗透外,潘安文化还渗透到了社会生活的更多方面!

(作者单位:中共郑州市委党史和地方史志研究室)

隋唐"清吏"郑善果

王翊嘉

中华民族有尊奉清官的传统,然而,以"二十四史"为代表的正史中直接被称为清官(清吏)的却不多,隋唐时期荥泽县(今属荥阳市)人郑善果(571—629),则是其中不可忽视的一位。

郑善果及其母亲崔夫人

"二十四史"中的《新唐书》《旧唐书》均有郑善果的传,《隋书》有《郑善果母》,《北史》有《郑善果母崔氏》。

《隋书》记载:"善果历任州郡,惟内自出馔,于衙中食之,公廨所供,皆不许受,悉用修治廨宇,及分给僚佐。善果亦由此克己,号为清吏。"《旧唐书》说郑善果感于母亲的教诲而"由此遂励己为清吏,所在有政绩,百姓怀之"。《新唐书》说:"善果母崔,贤明晓政治,尝坐阁内听善果处决,或当理则悦,有不可,则引至床下,责愧之。故善果所至有绩,号清吏。"

郑善果祖上在南北朝时就是显赫家族。高祖郑敬叔曾任北魏颍川郡和濮阳郡郡守;曾祖郑琼曾任范阳郡守,赠安东将军、青州刺史;祖父郑孝穆曾任岐州刺史、京兆尹、中书令;父亲郑诚为北周大将军、开封县公。北周大象二年(580),郑诚讨伐尉迟迥,战死沙场。郑善果继承祖荫被封为使持节、大将军,袭爵开封县公,食邑

058

一千户。隋文帝开皇初年(581)加封武德郡公;开皇六年,14 岁的郑善果出任沂州刺史,后转任景州刺史;隋炀帝大业年间(605 年后)改任鲁郡太守。

郑善果的母亲崔夫人,是河北清河县望族崔家的女儿,13 岁嫁给郑诚。后郑诚战死,崔夫人 20 岁守寡①,她的父亲崔彦穆逼她改嫁,她抱着郑善果对父亲说:"女人没有献身给第二个男子的道理。我丈夫虽然死了,但我还有儿子。抛弃儿子是不仁慈,背弃死去的丈夫是不懂礼法。要我违背礼节、抛弃仁慈,我不敢从命。如果非要逼我改嫁,我宁肯割掉耳朵、剃光头发以表明心志。"

崔夫人聪明贤惠,有气节、有操守,并广泛阅读经史书籍,熟悉处理地方事务的方式方法。郑善果每到官厅处理政务,崔夫人就坐在帏帐后认真观察。郑善果分析事务、判断案件合情合理她就高兴,给儿子让座,母子相对,喜形于色;郑善果处理案件不公,或者随意发怒、施威风,崔夫人就蒙着被子哭泣,一天不吃不喝。每到此时,郑善果只得跪在床前自我反省。崔夫人给他讲道理:"我不是生你的气,而是觉得愧对郑家。作为郑家媳妇,我主持家务,如同你父亲一身清廉、勤于政务,从未考虑自己的利益。你父以身殉国,我希望你像父亲一样,具备一颗赤子之心。你小小年纪就成了孤儿,我作为孤儿的寡母只有仁慈没有威严,不训导你懂得规矩礼仪,怎能使你继承父亲忠臣的事业? 你自幼继承爵位做了大官,这是靠你自己的本事得来的吗? 想想这些,你怎么可以随便发怒,任意骄奢享乐、败坏政事啊! 你这样做,是发自内心的骄傲。处理公务不妥,对内败坏了家风,可能由此丢掉官爵;对外践踏了国家法令,可能由此自取罪过。如此一来,我死后也没有脸面去见你地下的父亲!"

---

① 《隋书》《北史》记载,崔夫人"年十三,适荥阳郑诚……每年二十而寡"。按《旧唐书》《新唐书》记载,郑诚"讨尉迟迥,力战遇害。善果年九岁",崔夫人应该是 22 岁开始守寡。

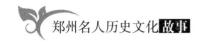

　　崔夫人守寡后,不再涂脂抹粉,常常穿着粗布衣服,处处节简,如果不是祭祀或宴请宾客,就不食酒肉;如果不是自己制作、自己庄园出产或者皇上赐给的东西,即使亲戚赠送也一概不许拿进家门。郑善果为官期间,她坚持自己纺线织布,直到深夜才睡。郑善果对母亲说:"儿子贵为侯爵,享有封地,官至三品,俸禄足够家用,您为什么还要这样辛劳?"崔夫人闻言甚为不快:"唉!你长大了,我以为你懂道理了,听了你这话,才知道你还不懂事,这样怎么能处理好国家大事呢?你的俸禄是皇上为答谢你父亲为国牺牲才给你的,你应当把它分送给家族老小,以体现你父亲的恩德,怎么能自己独享富贵呢?纺线织布是妇女的本分,上至皇后,下至士大夫的妻子,都有自己应该做的事,不做好自己的事,就是骄奢放纵、好逸恶劳。我即便不懂得礼节,也不能败坏自己的名声啊!"

　　郑善果受到良好教诲,虽历任多处州郡,都是自带饭菜,官方提供的资费概不接受,全部用来修缮衙门或分给同事、下属。郑善果严格要求自己,被称为清官,在任时受到百姓拥戴,离任后深受百姓怀念。隋炀帝派御史大夫张衡去慰劳他,考评各地官员的政绩,他和武威太守樊子盖并列天下第一,授予光禄卿,赏丝绸千匹、黄金百两。隋大业十年(614),隋炀帝被突厥围困于雁门(今山西代县),郑善果守御有功加封右光禄大夫,随隋炀帝来到江都(今江苏扬州)。大业十四年三月十一日,宇文化及任命郑善果为民部尚书,随宇文化及到辽城(今辽阳市)任职。

　　郑善果清正廉明种了善因,入唐后,不仅没有像其他前朝臣子一样被处死,反而得到唐高祖李渊的重用,武德元年(618)任刑部尚书,拜太子左庶子、检校内史侍郎,后封为荥阳郡公,大理寺卿兼民部尚书。贞观元年(627)任岐州(今陕西凤翔县)刺史。贞观二年因一个案件受到牵连被押入京师,大理寺少卿胡演禀告唐太宗李世民后,特命他不入大狱,在朝堂上接受讯问。贞观三年复出,任江州刺史,同年善终于任上,得到了善果。他的儿子郑俊后来也做了高官,孙子郑良任房州(今湖北省房县)太守。郑良的儿子郑谊、郑盈、郑升、郑剩初居江西德安,后裔于唐大和年间(827—835)迁徙到河南、陕西、湖北、湖南、四川、浙江、广东、福建等地,分布在全国20多个省、市、自治区和海外。

郑善果及崔夫人的事迹历代受到褒誉和赞扬。明代金忠编撰的《瑞世良英》一书中,"廉恪可风"所配版画就是郑善果母帐后听政的画面。清代魏息园的《绣像古今贤女传》有《郑善果母崔夫人》。1995年全国高考语文卷也曾以《隋书·郑善果母》人物传出题。

郑善果与高僧玄奘法师

隋炀帝杨广是虔诚的佛教徒,他做皇帝期间,隔一段时间就以国家的名义剃度一批和尚,这些剃度僧享受国家的优厚待遇。隋大业十年(614),杨广下令在洛阳剃度27名和尚,而想出家的人数以千百计,经过筛选,认定为成绩优秀的还有数百人。《大慈恩寺三藏法师传》载:"有敕于洛阳,度二七僧,时业优者数百。"这时候,一个年仅13岁的少年也来参加竞选。这个少年名叫陈祎,他就是神话小说《西游记》中到西天取经的唐僧唐三藏,真实身份是法号玄奘,曾到印度等地求佛法的唐代著名法师。

陈祎的父亲陈惠曾做过江陵县令,后来天下大乱,他一心向佛,落发为僧。陈祎的二哥在洛阳净土寺出家,法号长捷。陈祎自幼聪明伶俐,智力超群,对佛教很有兴趣,常到长捷所在的净土寺听和尚诵经。

净土寺的和尚常见陈祎来听经,都觉奇怪,就问他:"你天天来听我们师父讲经,听得懂吗? 你也想当和尚吗?"陈祎一本正经地回答说:"是的,我就是想出家当和尚。大师父诵经我不仅能听懂,

而且总有一天我会超过师父,做你们的师父!"陈惠听到此事也很吃惊,他虽然自己信佛,二儿子也出了家,他不想让最疼爱的小儿子也去做和尚。但陈祎年纪虽小却意志坚定,发誓要终身事佛,发扬佛法,普度众生。

按当时的规定,不到20岁是不能剃度出家的,只有13岁的陈祎虽然报了名,却没有资格与那数百人竞争,毫无入围的希望。但陈祎并不灰心,他天天在考场门口转悠,希望择机接近主考官,表明自己的心志。

这次的主考官是大理寺卿郑善果。一天,陈祎终于见到郑善果,大胆地阐明了自己决心剃度出家的想法。郑善果看着这个眉清目秀的少年,见他眉宇间有一种常人不及的超然与淡定,于是耐着性子和他对话。郑善果问陈祎是哪里人,陈祎说自己是颍川陈氏后人,生长在京城东南缑氏县(今登封市东北、偃师市南境)游仙乡,曾祖陈钦为后魏上党太守,祖父陈康任国子博士,父亲陈惠及二哥都已出家为僧。

郑善果见陈祎对答如流,就问他:"出家意何所为?"陈祎答曰:"意欲远绍如来,近光遗法。"意思是:往远处说要继承如来的业绩,往近处说要光大佛法。郑善果被陈祎的远大理想打动,加上喜欢他相貌堂堂、器宇轩昂的样子,就对同僚说:"诵业易成,风骨难得。若度此子,必为释门伟器。但恐果与诸公不见其翔翥云霄,洒演甘露耳!又,名家不可失。"意思是:诵经容易,这种风骨难得,他将来一定会成为佛门大器。只怕我们看不到他在云霄中飞翔、向人间抛洒甘露了。况且,名门大家不可轻易失去啊。于是破格为陈祎剃度出家,为他取法号"玄奘",并解释说:"玄者,幽远也;又玄为黑色,黑与缁同,缁流即僧也。奘者,人之大者。玄奘者,天机幽远、众妙毕集之人物,法门中威仪庄严、智慧无比之龙象也。"

玄奘出家后,每日严守寺规,静心清修。一天,他到寮房休息时,听说齐王杨暕带着禁军追杀被迫举旗造反的穷苦百姓,心情特别沉重。玄奘从小就怜悯贫苦百姓,为他们常常遭受不公待遇而耿耿于怀,听说禁军到寺里杀人,哪还有心休息,就到藏经阁读经书以排遣心中的郁闷。没想到,他刚拿起经书要读,就被闯进来的禁军抓了起来。禁军士卒问他为什么躲在藏经阁,玄奘说他不是躲在藏经阁,而是坐在藏经阁读经书。

双方争执不下,眼看士卒就要动粗,恰在此时,还在寺中的郑善果出来了,问士卒是怎么回事。士卒不敢得罪郑大人,就对郑善果说:"我们讯问他,他说是在捉贼。"郑善果问玄奘:"贼在哪里?"玄奘答曰:"贼在心里。"禁军长官质问:"贼怎么会在心里?莫非你想包庇反贼,你也想造反吗?"玄奘答:"人不可在心里,贼却可以!"禁军官兵正要发怒,郑善果连忙说:"不要动怒,我来替你查问。"郑善果问玄奘:"你真见到贼了?"玄奘说:"真见了。"郑善果问:"贼在何处?"玄奘答:"在心中。"郑善果说:"偌大的贼,如何能藏在心里?"玄奘答:"人不能藏,贼能藏。"郑善果问:"此贼何物?"玄奘答:"此贼就是贪嗔痴。"

禁军官兵听后茫然不解,郑善果解释说:"此贼非彼贼。贪嗔痴是众生的通病,执着于心,蒙蔽真性,因此失明。三贼不除,心不得安宁,难出生死苦海。他说的捉贼就是止恶行善,抑制私欲,净化心灵。"郑善果说完,问玄奘:"可是此意?"玄奘答曰:"正是。"郑善果说:"既然如此,为何不早点儿说清楚呢?"玄奘坦然地说:"我只知道心里有贼,不知道外边还有反贼,也不知道什么样的人是反贼,所以跟他们说不清楚。"

趁他们相互争辩的时机,那些被逼造反的穷苦百姓乘机翻墙逃走。禁军官兵走后,玄奘和郑善果都长长地出了口气。

（作者单位：招商银行郑州高新区支行）

杜审言的传奇人生与文学成就

刘　沛

郑州,历史悠久的文化名城,中华文明五千年悠久历史的见证者。

郑州与诗歌的关系源远流长,自古以来,郑州这片土地上便孕育了无数的文人墨客。杜甫、白居易、李商隐、刘禹锡、欧阳修、苏轼、李益、胡令能等在历史上留下深刻印记的诗人,他们或以笔为剑,抒发壮志豪情;或以诗传情,描绘山川风物。郑州的自然风光和人文历史,为诗歌创作提供了丰富的素材。他们的作品穿越千年时光,至今依然熠熠生辉,被后人传颂。

唐代还有一位诗人,其狂放不羁之风,被誉为"诗仙"的李白亦难以企及;而"诗圣"杜甫更是对其推崇备至。此人便是出生在巩县(今巩义市)的唐代杰出诗人,杜甫的祖父——杜审言。

成长的家庭和时代背景

杜审言(约645—708),字必简,祖籍襄阳,他的父亲杜依艺做巩县县令,全家迁往巩县,瑶湾村有其故宅。其传奇人生与文学成就,在中国文学史上留下了浓墨重彩的一笔。

杜审言是"诗圣"杜甫的祖父。杜审言在后世虽不如杜甫有名,但在当时也是赫赫有名的人物,他对杜甫的诗艺和性格与抱负都有深刻影响。

杜审言的家族背景以及所受教育熏陶对其文学成就产生了深远的影响。杜审言家自远祖杜周开始基本上世代为官,有深厚的家学渊源。杜审言远祖杜周,汉御史大夫;十一世祖杜预,晋荆州刺史、征南大将军、当阳侯;祖父鱼石,隋河内郡司功、获嘉县令;父依艺,唐监察御史、洛阳巩县令。《元和姓纂》载:"鱼石生依艺,巩县令;依艺生审言,膳部员外郎。"杜甫在《进雕赋表》中自豪地谈道:"自先君杜恕、预以降,奉儒守官,未坠素业矣。"自幼便受到家族文化的深刻影响,杜审言少习儒学,饱读诗书,少年时即以文采著称。

杜审言的早年成长环境不仅限于家庭,还与当时的社会文化背景密切相关。唐代是中国封建社会的鼎盛时期,在政治、经济上达到了空前的繁荣,更在文化艺术领域取得了卓越的成就。这一时期,诗歌、书法、绘画、音乐、舞蹈等艺术形式都达到了前所未有的高度,在诗歌方面,唐代被誉为"诗歌的黄金时代"。杜审言成长于这样一个文化氛围浓厚的时代,自然受到了时代风气的熏陶,也为他以后的文学创作提供了丰富的素材,形成了自己独特的文学特色。家族的文学传统与社会的文化氛围共同塑造了他独特的文学风格和人格与才华。他的诗歌不仅在当时产生了广泛的影响,也为后世留下了宝贵的文化遗产。

生平经历

在"修身、齐家、治国、平天下"这一传统思想的影响下,杜审言和中国古代众多文人墨客一样踏上了仕途之路,纵观杜审言的一生,也是在官场沉浮度过,其人生轨迹与仕途经历紧密相连。杜审言一生中经历了中进士及任职隰城尉、洛阳游处任官阶段①,被贬江阴、迁升洛阳、被贬吉州及丧子之痛、在京任著作佐郎和膳部员外郎、流放峰州、重回京师等阶段。终其一生,宦海沉浮,不得意也不得志,也恰因如此,杜审言在贬谪之地创作出了更加优秀的作品,体现了他一生强烈的建立功业的士人心态。虽然仕途不平坦,长期在地方做小官,所谓"载笔下僚,三十余载",但他始终没有放弃功业,且在几度浮沉的政治生涯中仍然坚守着这份儒家情怀,表现了唐代士人渴望建功立业、为国效力的使命感和责任感,展现了积极向上、勇于进取的人生态度与气概。

文学成就卓著

杜审言诗歌艺术成就在初唐占据重要地位。杜审言少即聪慧,年少时即与李峤、崔融和苏味道齐名,合称"文章四友",且在世人心目中位居"文章四友"之首。他还与名士陆余庆、赵贞固、卢藏用、陈子昂、宋之问、毕构、郭袭微、司马承祯、释怀一等人称"方外十友"。从唐代开始便有对其诗歌的评价,他的孙子杜甫曾骄傲地说过:"诗是吾家事。"更是在《赠蜀僧闾丘师兄》一诗中写道:"吾祖诗冠古。"②崇敬之情,溢于言表。

杜审言的诗歌现存 43 首,有五律 28 首,五言排律 7 首,七言律诗 3 首,七言绝句 3 首,其中最出名的一首是《和晋陵陆丞早春游望》。他的诗风上承初唐下启盛。杜审言擅长五言律诗,为唐代近体诗的定型做出了重要的贡献,被后人评价为中国五言律诗的奠基人,促进了律诗的定型,完成了五律的规范化。王夫之提出:"近体梁陈已有,至杜审言始叶于度。"胡应麟则评论他称:"初唐

---

① 刘昫:《旧唐书·杜审言传》卷一九零《文苑》上,中华书局,1975,第4999页。
② 曹寅、彭定求:《全唐诗》卷二一九,上海古籍出版社,1990,第4页。

无七言律,五言亦未超然。二体之妙,杜审言实为首倡。"①他的诗在当时及后世都是有巨大影响力的。在诗歌创作领域,五言排律与七言律诗对杜甫的深远影响尤为显著。

恃才傲物的性格

杜审言才华出众,创作了众多诗篇。然而,他恃才傲物,行为放纵不羁,因此招致同僚的嫉恨。尽管屡遭贬谪,他依然难以改变本性。"雅善五言诗,工书翰,有能名,然恃才骞傲,甚为时辈所嫉。"(《旧唐书·杜审言传》)《新唐书·杜审言传》云:"杜审言,字必简,襄州襄阳人,晋征南将军预远裔。擢进士,为隰城尉,恃才高,以傲世见疾。"有次杜审言去参加官员预选考试。巧合的是,负责此次选官考试的天官侍郎是苏味道。结果,杜审言一出考场就对旁人说:"苏味道死定了。"旁人不解,哪知杜审言继续说:"苏味道一旦看到我的答卷,定会自愧不如,羞愧而死啊!"

杜审言虽然才华出众,但是他也因口无遮拦吃尽了苦头。曾经地处偏远的吉州,因为地方官员之间相互勾结,贪污腐败、欺压百姓,杜审言对此现象不满,忍不住讽刺几句,结果触怒了吉州上下,特别是吉州司马周季童与司户郭若讷,二人对杜审言怀恨在心,遂诬陷其犯罪并将其投入监狱。随后,周季童与郭若讷编造了一系列罪名,意图将杜审言置于死地。然而,杜审言之子杜并,因救父心切而牺牲了自己年轻的生命。此事传至武则天耳中,她深感震惊,遂亲自过问案情。在全面了解了事情的来龙去脉后,武则天果断下令将杜审言无罪释放,并基于其才华与正直的品格,决定对其加以重用。

---

① 胡应麟:《诗薮》,上海古籍出版社,1979。

据传,在杜审言临终之际,他的挚友宋之问与武平前往探望。谁知他竟对二人说:"甚为造化小儿相苦,尚何言?然吾在,久压公等,今且死,固大慰,但恨不见替人。"①即"只要我尚存一日,你们两位在文坛上便难以崭露头角。现在我即将离世,唯一让我感到忧虑的是,当前的文坛尚未出现能够继承我位置的合适人选"。杜审言的这一性格,并非仅仅源于个人的蹇傲孤高,从更深层次看,它根植于初盛唐时期诗人们所具备的极度自信之中。这种自信,既体现在对强盛国家的自豪与信赖,也表现在对自身卓越才华的坚定信念与高度认可。

(作者单位:中原科技学院马克思主义学院)

---

① 赵建明:《"蹇傲"与"狂放"——论杜审言对杜甫性格的影响》,《杜甫研究学刊》2012 年第 7 期。

郑虔三绝画诗书

李豫州

　　"李白一杯人月影,郑虔三绝画诗书",是金代著名文学家赵秉文赞誉郑虔的诗句。妙思灵逸处,笔底春风来,郑虔笔墨如春风入笔端、融入画、挥不尽、写意新。

　　郑虔(691—759),盛唐著名文学家、诗人、书画家,是继晋代顾恺之后,唐代唯一身兼"三绝"的画家。"三绝"即诗写得妙、书法精到、画画得好,诗书画联舞,诗书画合璧,诗书画三者皆为上乘。郑虔与杜甫、李白为诗酒友,诗圣杜甫寄赠、怀念他的诗多达23首,称赞他"荥阳冠众儒,早闻名公赏""三绝自御题,四方尤所仰"。郭沫若在《李白与杜甫》中说:"他能诗,能画,会写字,会弹琴;而又是星历家、医药学家、兵法家。"郑虔传略广泛见诸《全唐诗》《唐才子传》《唐朝名画录》《辞海》《辞源》《中国历史大辞典》《中国历代人名大辞典》《中国文学大辞典》《中国美术辞典》等典籍之中。

　　据《新唐书·郑虔传》记载可知,郑虔,郑州荥阳人。天宝初任协律郎,搜集当代史事,著述80多篇。有人偷看过他的书稿,上奏控告他私修国史,郑虔连忙把书稿烧掉,因此被贬10年。后来回到京城,唐玄宗喜欢他的才华,想把他安排在身边,又不叫他办理具体事务,特地为他设置广文馆,任他为博士。郑虔接到任命,不知道广文馆官署在何处,告诉宰相苏颋。苏颋说:"皇上增广国学,设置广文馆,用来安排贤明有才德的人,让后世说起广文博士从你开始,不是很好吗?"郑虔这才就职。过了很久,大雨损坏了房舍,有关部门也不加修葺,他就借居国子馆,广文馆从此废掉。

起初,郑虔从旧书中选出有价值的文章 40 多篇,国子监司业苏源明为这部书取名《会稡》(亦作《会粹》,杜甫《八哀诗》自注作《荟蕞》)。郑虔擅长画山水,喜好书法,苦于没有纸,当时慈恩寺存放有几屋柿叶,他就每天去拿柿叶练字,时间长了,柿叶几乎用遍。他曾把自己的诗作和绘画进献,皇帝在卷尾大书"郑虔三绝",升他为著作郎。

安禄山占领长安以后,派遣张通儒劫持百官安置在东都洛阳,任郑虔为兵部郎中,他诈称患有风瘫,请求担任掌管市场的官吏。他暗中将奏章送到唐玄宗所在的灵武。叛贼平定后,郑虔和张通、王维一起被囚禁在宣阳里。他们三人都长于绘画,宰相崔圆让他们到家里绘壁画,郑虔等人怕被处死,于是尽心作画,希望崔圆为他们辩白开脱,终于免死。郑虔贬任台州司户参军事。

郑虔长于地理之学,各地山川险易、地方特产、驻兵众寡无不详悉。曾写一部语言简练、叙述详细的兵书《天宝军防录》,读书人都佩服他善于著书。他为官极其贫俭,恬静寡欲。杜甫曾赠诗说:"才名四十年,坐客寒无毡。"(坐无毡席,指居官清寒、生活清苦。)

《郑虔墓志》近年出土于洛阳,为新安千唐志斋收藏。上有:"公讳虔,字趋庭,荥阳人也。……公神冲气和,行纯体素,精心文艺,克己礼乐。弱冠举秀才,进士高第。主司拔其秀逸,翰林推其独步。又工于草隶,善于丹青,明于阴阳,邃于算术,百家诸子,如指掌焉。家国以为一宝,朝野谓之三绝。"

郑虔的文化艺术成就达到了空前的高度,史称"名士""高士",是荥阳历史上名气最大、贡献最大、最有影响力的书画家。

郑虔的画:羡杀个中奇绝处

中国古代儿童的启蒙经典《幼学琼林》中有云:"卢医扁鹊,古之名医;郑虔崔白,古之名画。"郑虔的书画在当时已经是洛阳纸贵。杜甫《存殁口号二首》之二云:"郑公粉绘随长夜,曹霸丹青已白头。天下何曾有山水,人间不解重骅骝。"原注:"高士荥阳郑虔,善画山水。"说天下谁的山水画能比得上郑虔。

郑虔所献被唐玄宗亲题"郑虔三绝"的究竟是何画,现有史料均未发现记载,唯有杜甫在《八哀诗·故著作郎贬台州司户荥阳郑公虔》诗中述及此事:"荥阳冠众儒,早闻名公赏。……昔献书画图,新诗亦俱往。沧洲动玉陛,宣鹤误一响。三绝自御题,四方尤所仰。"意思是:荥阳郑虔美名超出众多文士,早就听说他的大名为人赞赏……曾经向皇帝献书画图,展其《沧洲图》于玉堂殿时,由于他的画画得传神逼真,山水灵动,草木含情,栩栩如生,鹤见了误以为是活的,竟然引吭鸣叫。皇帝御题"郑虔三绝"以后,在四方传扬开来,受到学者士人的敬慕。优美的画面,居然能使鹤的眼睛产生幻觉,足见其技法之高明。

郑虔的诗:却笑文章死不休

郑虔的诗名声很大,《新唐书》有郑虔传,《唐诗纪事》卷二○、《唐才子传》卷二对其也有记载。可惜《全唐诗》卷九中保留下来的郑虔诗作只有《闺情》一首:"银钥开香阁,金台照夜灯。长征君自惯,独卧妾何曾。"

闺情,顾名思义是妇女所思所爱的闺中之情。唐代写闺情的诗歌很多,不乏名篇佳作。郑虔这首传世的诗歌,有人说完全可以

和史上任何一首倾诉春怨闺情方面的诗媲美。这首诗对郑虔来说,却没有多大影响力。

从诗中的"长征君自惯"看,《闺情》极有可能作于安史之乱期间。《闺情》的艺术特点有两个:一是闺中景物刻画简洁。银色的钥匙打开香闺(特指女子的卧房)的闺门,夜晚的灯光照亮金色的妆台,诗从写景开篇,以景衬情,"银钥""香阁""金台""夜灯",集中铺排出一个闺房场景,着重氛围的渲染,自然平易,景中有情,不言怨而怨自见。郑虔用简洁朴实的语言,捕捉最富有特征性的闺房景色,闺房淳朴,意境幽雅,含蕴丰富,用闺房实境,写惆怅心情,充满艺术表现力。二是闺中情趣直接道出。"长征君自惯"是指夫君远途征战,而自己习以为常。"独卧妾何曾"是指妾身独卧孤塌,何曾奢想你与我相拥而眠?不难想见,这是一位性格直爽,不喜欢拐弯抹角说虚伪的话的女子。郑虔诗中,透露出这位空守闺房的女子既嗟叹夫君征战的艰苦,又抑制不住哀叹自己离忧别愁的悲凉。不见远人归来,让人愁思满怀。浅而不白,怨而不怒,含蓄深婉,神韵不尽。

《闺情》的意思是:我试图用银色的钥匙打开闺门的伶仃孤单,我点燃红烛期望照亮梳妆台上的相思绵绵。长夜漫漫,远途征战的你,怎会忍心撂下我独卧难眠;虽然忍不住思恋的痛,我又何曾奢望你与我相伴?

郑虔的书:词章落纸如云烟

郑虔是北魏书法家郑道昭的后代,《郑虔墓志》称"源长庆深,世继其美"。绝艺来自苦练。郑虔的郊居在长安南韦曲东边皇子陂。为了艺术,他久居僧房,柿叶代纸苦练不辍,留下柿叶练字、红叶作书的典故,被传为千古佳话。

郑虔的书法,杜甫在《八哀诗·故著作郎贬台州司户荥阳郑公虔》诗中说:"神翰顾不一,体变钟兼两。文传天下口,大字犹在榜。"从诗中反映的内容来看,郑虔的书法字体变幻多端,兼具三国时期著名书法家钟繇和钟会父子两种神韵,文华辞采世人有口皆碑,尤其在行榜书。"大字犹在榜",是说郑虔的榜书结构朴实严谨,用笔精妙。唐代韦续所撰《墨薮·书品优劣第三》中对郑虔的评语是:"郑虔如风送云收,霞催月上。"郑虔擅长真、行、榜、草,最有特色的当为草书和楷书、行书。《墨薮》评价唐代真书、行书最好的 22 人时,将郑虔和李邕、贺知章、颜真卿等名家并列。郑虔的书法在当时已成定论。

郑虔的书法,秀美如同云霞,体势有似风月,风韵潇洒,神采飘逸,被人誉为"郑虔绝技花生笔"。2010 年洛阳偃师李村镇出土的《阿弥陀像记》残碑是唯一能确认的郑虔的楷书作品,为研究郑虔书法提供了珍贵的实物资料。《阿弥陀像记》碑文和佛经分别用行、楷两种书体。整体风格清秀俊逸,灵动潇洒,于不经意处见精神。郑虔的行书有明显的二王书风意韵,高雅秀美,清劲绝俗。

(作者单位:荥阳市市场监督管理局)

追寻诗圣杜甫的踪迹

王曜卿

1993 年 10 月,在穿越撤县设市不久的巩义市市区的 310 国道(今巩义市杜甫路)旁,新建了一个杜甫园(又称杜甫广场),矗立起巩义市的第一座大型城市雕塑——15 米高的杜甫铜像。他面北背南、张开双臂,以其博大的怀抱,拥抱着巩义这座年轻的城市,以其伟岸的身躯向往来穿梭的车流和行人昭示:你已经走进了诗圣杜甫的故里!

杜甫及其诗歌成就

杜甫(712—770),字子美,自号少陵野老,世称"杜工部""杜老""杜陵""杜少陵""杜拾遗"……

唐睿宗太极元年正月初一(一说二月十二日;也有人说是年正月初一就是公历的 2 月 12 日),杜甫出生于今巩义市站街镇南瑶湾村笔架山下的一孔砖砌窑洞里。杜甫出生那年很特别,正月,唐睿宗李旦将自己登基时使用的年号"景云"改为"太极",五月,他又将年号"太极"改为"延和"。八月,唐玄宗李隆基即位,再改年号为"先天"……大抵是因为出生在这个混乱的年头吧,杜甫的一生,也像这一年的年号一样历尽周折!

杜甫的祖父杜审言,在武则天主政时官至膳部员外郎,家庭环境优越,他在青少年时过着较为安定富足的生活。他自幼敏而好学,"七龄思即壮,开口咏凤凰"(《壮游》)——七岁就能作诗,可谓神童。他少年之时也很顽皮,"忆年十五心尚孩;健如黄犊走复来。庭前八月梨枣熟,一日上树能千回"(《百忧集行》)——神童也有普通少年的顽劣性情,甚至比一般少年更甚。不过,这种顽皮的天性并未湮灭他远大的志向,"致君尧舜上,再使风俗淳"(《奉赠韦丞丈二十二韵》)——小小年纪就怀有如此抱负,难怪在后来饱经沧桑之后,会磨砺成一个伟大的现实主义诗人。

杜甫青年时长期漫游于郓瑕(山东临沂)、吴越等地,24岁回洛阳参加进士考试,结果名落孙山。之后他继续四处漫游,直到天宝十四载(755)他44岁时才被授予"右卫率府兵曹参军",是个负责看守兵甲器杖的八品小官。他嫌官小职微,愤然离职去和妻儿团聚,可惜他看到的却是幼子被饿死的场面。之后他被迫开始了颠沛流离、辗转漂泊的生活,吃尽了兵燹战乱的各种苦头,虽先后做过左拾遗、华州司功参军等小官,直到53岁时才混到他一生最高的官职——检校工部员外郎,这也只是比县令还低一级的从七品小官,且半年之后他就辞官不做了。因此,杜甫的晚年仍过着四处流浪、困顿非常的生活,至唐代宗大历五年(770)冬,年仅59岁的杜甫病死在湘江的一条小船上,葬于岳阳,43年后才迁回故里,葬于邙岭之上。

杜甫一生流传后世的诗作有1500多首,其中很多是传颂千古的名篇佳作,如"三吏"(《新安吏》《石壕吏》《潼关吏》),"三别"(《新婚别》《垂老别》《无家别》)。传世作品集有《杜工部集》,对后世影响深远,其中的《春望》《绝句》《望岳》《闻官军收河南河北》《茅屋为秋风所破歌》等都是广为传诵的名篇。晚唐诗人张籍为了能出佳句,曾把写有杜诗的纸烧掉,烧完的纸灰拌上蜂蜜每天服用,其对杜甫和杜诗的痴迷程度可见一斑。

虽然杜甫在当朝少为人知,但后世学者都对他推崇备至。郭沫若曾作一副对联称他的作品是"世上疮痍,诗中圣哲;民间疾苦,笔底波澜"。在巩义河洛地区有民谣称:"唐朝诗人有杜甫,能知百姓苦中苦,诗歌写了千万卷,不留千古留万古。"

杜甫是唐代伟大的现实主义诗人,与诗仙李白并称"李杜",后人称其为"诗圣"。他中年时期的作品,诗风沉郁顿挫,忧国忧民,被称为"诗史"。杜甫善于运用古典诗歌的许多体制,并加以创造性地发展。他是新乐府诗体的领路人,他的乐府诗促进了中唐时期新乐府运动的大发展。他的五古、七古长篇亦诗亦史,展开铺叙,而又着力于全篇的回旋往复,代表着唐代诗歌艺术的高度成就。杜甫在五律、七律上也表现出显著的创造性,积累了关于声律、对仗、炼字炼句等完整的艺术经验,使这一体裁达到完全成熟的阶段。他的诗以古体、律诗见长,风格多样,博采众家之长并加以创新,形成了自己的艺术特色,叙事抒情、写景状物真实而细腻,具有强烈的感染力量,他以"沉郁顿挫"四字准确地概括了自己的作品风格。

杜甫一生历经唐"开元盛世"和"安史之乱",亲身经历、目睹了唐王朝由盛转衰这个背景下人民的流离无着和百姓的深重疾苦,所以他的诗内容大多深刻反映了唐代的社会矛盾,充满了忧国忧民的深厚感情。其诗政治性、现实性、人民性、艺术性都很强。唐代诗人韩愈说:"李杜文章在,光焰万丈长。"元稹说:"诗人以来,未有如子美者。"毛泽东1958年游览成都西郊的杜甫草堂,参观过程中,毛泽东对后人凭吊杜甫草堂的诗句石刻看得十分仔细,盛赞杜甫的诗是"政治诗"。

杜甫故里

唐太宗贞观年间,杜甫的曾祖父杜依艺调任巩县县令,举家迁入巩县。历经其祖父杜审言、父亲杜闲,到杜甫少年离开巩县,杜家四代已在此定居近百年。因为母丧、父亲再娶,杜甫5岁去洛阳投靠姑母,15岁、24岁两度返回巩县。

杜甫故里南瑶湾村,位于巩义市东部偏北10公里处,这里嵩、邙两山对峙,黄、伊、泗三河汇流,山清水秀,风景宜人,旧为巩县八景之一"洛口春游"。这里现存的杜甫故居、杜甫诞生窑和笔架山,也是1962年杜甫被命名为"世界文化名人"的三个重要依据。

1962年对杜甫故里进行修葺,郭沫若亲笔书写"杜甫诞生窑"和"杜甫故里纪念馆"匾额。杜甫故居是个坐东向西、大门朝南的长方形院落,原宅院长20米,宽10米,小青瓦的门楼,有坐西向东的瓦房3间,室内陈列杜甫诗集珍本,杜甫生平连环画和张大千、蒋光和、齐白石、曾竹韶的诗意画及杜甫铜像一尊。1963年被公布为河南省重点文物保护单位。

笔架山下有一孔坐东向西的砖券窑洞,杜甫就诞生在这孔窑洞中。窑洞进深20米,宽2米多,高约3米,门上悬郭沫若题写的"杜甫诞生窑"匾额。洞口为砖砌墙壁,洞内为砖券结构,前7米为明代所修,后13米是1955年仿明代砖券重修的。窑门外北侧山墙上嵌有清雍正五年(1727)洛阳知府张汉草书"诗圣故里"碑。距诞生窑100多米的路口有砖砌歇山顶碑楼一座,竖立清代"唐工部杜甫故里"碑刻。碑楼北侧嵌清代石刻一通,为清同治十三年(1875)杜甫后裔所立的"唐工部杜文贞公碑记"。

笔架山上有一天然椭圆形小盆地,传说是杜甫磨墨作诗的砚台池。这里的居民说:"杜甫的不朽诗篇,就是以高山作笔架,以大地为砚台写出来的。"

由于年久失修,至20世纪末,杜甫故里已显得十分破败,诞生窑内外均有破损,原本只有30多米高笔架山上的土不断地脱落,笔架形状不复存在。2004年,巩义市文化局决定重建杜甫故里纪

念馆,并于 2005 年进行规划设计,同年开始建设。

2012 年 4 月 18 日,新建成的杜甫故里景区正式对外开放,景区面积 24.8 万平方米,建筑面积 2.16 万平方米,按照国家 AAAA 级旅游景区标准修建。展示内容分诗歌展区和诗人展区两大部分,由诗圣堂、杜公堂、瞻雪阁、笔架山和诞生窑等多组建筑组成。主体建筑均为唐代风格,以木质结构为主体,以红色为基调,配以灰色瓦顶,样式庄重大方,格调古朴肃穆,较好地再现了诗圣故居的历史面貌和杜甫生长的环境氛围。

杜甫陵园

杜甫去世 43 年后,由其孙杜嗣业于唐宪宗元和八年(813)将其骨骸运回巩县,葬于今巩义市西北 6 公里处康店镇康北村西邙山岭上。

杜甫陵园始建于 20 世纪 80 年代,关于陵园的建设,还有一个耐人寻味的故事:1982 年,全国杜甫文化大会在巩县召开,成都杜甫草堂发言人在会上称"人们可以忘记杜甫的出生地,也可以忘记杜甫的埋葬地,但绝不会忘记杜甫草堂"。这些话极大地刺激了出席会议的巩县人。会后,巩县县委、县政府倡议开发杜甫故里和杜甫陵园,并当即开始筹资建设。1987 年 3 月,杜甫陵园被公布为郑州市级文物保护单位。1991 年,巩义市重修并扩建杜甫墓,盖仿唐大门,竖杜甫雕像,建杜诗碑廊。

杜甫陵园占地 30 多亩,仿唐大门飞檐翘顶、古色古香,"杜甫陵园"匾额为冯至题写。门楼两边的门柱像两支巨大的毛笔,笔尖指向蓝天,寓意诗圣以蓝天为纸、大地为墨谱写诗篇。

门楼前 2 米高的花岗岩石碑上,有王国权题写的"杜甫墓"三个大字。杜甫墓坐北面南,呈覆斗状,高 8 米,边长 10 米,墓前有石碑两通,前面一通为乾隆四十年(1775)知县陈龙章立"唐杜少陵先生之墓"碑;后面一通为康熙十九年(1680)河南驿监杜澨立"杜少陵墓"碑,正文468字,记载了杜甫墓变迁史和"康水采文章"①的故事。

杜甫陵园内密植苍松翠柏,环境幽静肃穆,陵园入口处是4.7米高、汉白玉材质的杜甫全身雕像。墓西侧为长120米、宽2.5米的诗圣碑林长廊,"诗圣碑林"四个字由当代著名书法家启功题写。碑林由杜甫后裔和社会贤达捐资修建,树立古今名人和书法家书写的杜甫诗作碑刻百余通,其中包括毛泽东书写的"安得广厦千万间,大庇天下寒士俱欢颜"。

(作者单位:中共郑州市委党史和地方史志研究室)

---

① 杜甫童年时曾得一梦,一个白须老人对他说:"您是先哲之后,聪明非凡,明晨可到康水采文章以传后世。"杜甫醒来询问康水所在,得知在伊洛河西岸的康店村南。杜甫来到康水,一童子迎上去说:"您是文曲星下凡来兴盛唐朝的诗歌文章,云彩里裹着圣旨已经落下,您到豆垄里取吧。"杜甫果然在豆垄里找到一块石头,上有金字铭文。此后,杜甫的文才更日渐精进了。

白居易：情系苍生、胸怀大爱

杜义宁

　　他是可与李白、杜甫比肩的唐代三大诗人之一，他是创作作品最多的伟大的现实主义诗人，他倡导了影响深远的新乐府运动，他一生为人清廉正直，情系苍生、胸怀大爱，他就是一代名士——白居易。

　　白居易（772—846），字乐天，号香山居士，又号醉吟先生，后人称白香山、白太傅。祖籍太原，到其曾祖父时迁居下邽，出生于现河南省郑州市新郑一个"世敦儒业"的中小官僚家庭。在中唐的风雨飘摇中，白居易出生后不久，家乡便发生了战争，战火烧得民不聊生，颠沛流离，举家过着"孤舟三适楚，嬴马四经秦。昼行有饥色，夜寝无安魂"的艰难生活。后来在白居易2岁的时候，家里又发生了重大变故，他的祖父、祖母相继病故离世。

　　780年，白居易之父白季庚先由宋州司户参军授徐州彭城县县令，后因与徐州刺史李洧坚守徐州有功，升任徐州别驾，为躲避徐州战乱，他把家眷送往宿州符离安居，至此，白居易得以在宿州符离度过了一段相对安定的童年时光。白居易从小聪颖过人，读书十分刻苦，五六岁即学写诗，9岁已通声律，10岁便能解读古文，读书读得口生出了疮，手磨出了茧，年纪轻轻头发却变白了。功夫不负有心人，贞元十六年（799），白居易参加科举考试，中第四名进士，贞元十八年又应拔萃科考试入甲等，授秘书省校书郎，从此踏入仕途,历任翰林学士、左赞善大夫等职。

在唐代文学发展史上,白居易与元稹共同倡导了新乐府运动,白居易作为一位杰出的现实主义诗人,建立了"文章合为时而著,歌诗合为事而作"的现实主义诗歌理论。白居易的诗歌题材广泛,形式多样,语言平易通俗,有"诗魔"和"诗王"之称,有《白氏长庆集》传世,代表诗作有《长恨歌》《卖炭翁》《琵琶行》等。会昌六年(846),白居易以刑部尚书病卒于洛阳履道里宅第,葬于龙门香山。

纵观白居易的一生,大体可以分为前后两期,以44岁被贬江州司马为分界线。前期,从入仕到贬江州司马以前,这是白居易"志在兼济"的时期,他一路青云直上。白居易在这个时期就坚持情系苍生、为民请命的初心,写下了《秦中吟》《新乐府》《卖炭翁》等讽喻诗,射向黑暗的现实,刺痛了当时权贵们的心,使得他们"变色""扼腕""切齿",但是白居易"不惧权豪怒",身居庙堂,却广泛地反映百姓的痛苦,并表示极大的同情,创作出大量的现实主义作品,如《观刈麦》中描写了"足蒸暑土气,背灼炎天光"的辛勤劳作的农民,《采地黄者》中更反映了农民牛马不如的生活,"愿易马残粟,救此苦饥肠!"《杜陵叟》中爆发出这样的怒吼:"剥我身上帛,夺我口中粟。虐人害物即豺狼,何必钩爪锯牙食人肉!"正是由于白居易创作了大量指陈时弊的讽喻诗和记述人民疾苦的诗歌作品,真正成为继杜甫之后又一伟大的现实主义诗人。后期,从被贬江州司马到离世,这是白居易"独善其身"的时期,他写下了《琵琶行》《与元九书》等作品,创作出大量的闲适诗和感伤诗,但他依旧保有一种平等的心态,关心世道和百姓疾苦。

白居易在杭州任刺史的三年中,勤政爱民,胸怀大爱,他看到西湖壅塞,人们苦旱,曾发动州民兴湖筑堤,引水灌田。白居易还坚持"政平讼简,贫民有犯法者,令于西湖种树几株;富民有赎罪者,令于西湖开葑田数亩。历任多年,湖葑尽拓,树木成荫"。白居

易始终坚持清正廉明，一身正气，淡泊名利，除了在当地购买日常生活必需品外，从不索取任何钱财物品，后来在卸任离开时，白居易感觉非常坦然，他忧黎元、济苍生，对杭州人民和西湖产生了深厚的感情，非常依依不舍，叹息"皇恩只许住三年"，"处处回头尽堪恋"。杭州父老同样也对他无限留恋，在他走的那天，扶老携幼，拦路洒泪奉酒为他送别，这动人的情景可以在白居易的《别州民》一诗中看到："耆老遮归路，壶浆满别筵。甘棠无一树，那得泪潸然。税重多贫户，农饥足旱田。唯留一湖水，与汝救凶年。"对于这样一位清廉贤明的"父母官"，杭州人民自然感恩戴德，永远怀念，除在孤山南麓建立白公祠外，又把白沙堤改名为白公堤来纪念他。

晚年的白居易在龙门，处江湖之远，却依然情系苍生、胸怀大爱，诗人不忍"饥冻有声，闻于终夜"，出于对人民冷暖疾苦的同情与关怀，70多岁仍坚持施舍家财与人合作，开凿了伊河龙门段的八节滩，造福后人。在白居易的笔下，《开龙门八节石滩诗二首》记录了此事，"振锡导师凭众力，挥金退傅施家财"展示了白居易的大公无私，"七十三翁旦暮身，誓开险路作通津"集中表现了一代名士的雄心壮志和坚定决心，"我身虽殁心长在，暗施慈悲与后人"再现了白居易对后人的大爱大德，动人事迹广为流传。

会昌六年(846)三月，宣宗李忱追赠白居易尚书右仆射，并作《吊白居易》诗为他致哀："缀玉联珠六十年，谁教冥路作诗仙？浮云不系名居易，造化无为字乐天。童子解吟长恨曲，胡儿能唱琵琶篇。文章已满行人耳，一度思卿已怆然。"清乾隆皇帝敕编的《唐宋诗醇》认为白居易"实具经世之才"，并认为官员应以白居易的诗"救烦无若静，补拙莫如勤"作为座右铭。

后世许多文学大家都给予白居易极高的评价，赞扬以白居易与元稹为领袖的文学革新运动，认为可以诗歌造成舆论，而有助于改善政治，白居易的诗歌因而备受推崇。此外，白居易的文集在韩国、日本受到高度评价,形成了较大的海外影响力。一代名士白居易,为人作文,坚持情系苍生、胸怀大爱,成为闪耀中原大地的文化名片,在海内外熠熠生辉。

（作者单位:郑州幼儿师范高等专科学校）

建筑宗师李诫

蒋晓娜

李诫(？—1110),字明仲,北宋郑州管城(今河南郑州)人,杰出的建筑家。为官期间不仅主持了多项重大建筑工程,更著有"中国古典科技七书"之一的《营造法式》,是世界上现存最早最完备的一部建筑工程学专著。然而,李诫也是一位被埋没的科学家,《宋史》囿于封建正统未能为他立传,明清两代的《郑州志》《郑县志》亦无他的传记。

李诫其人

李诫出生于官宦世家,其父兄辈都供职于朝廷官位。宋神宗元丰八年(1085),李诫奉其父李南公之命入京进献贺表及方物,于是得以恩补郊社斋郎,随后被委派为曹州济阴(今山东菏泽)县尉。从宋哲宗元祐七年(1092)起,李诫开始在将作监(监掌宫室、城郭、桥梁、舟车营缮事宜的机构)供职,前后共达13年,历任主簿、监丞、少监,并于宋徽宗崇宁三年(1104)升任这一机构的最高长官将作监。李诫在任将作监期间,曾先后主持了王邸、辟雍、尚书省、龙德宫、棣华宅、朱雀门、景龙门、九城殿、开封府廨、太庙、钦慈太后佛寺等十余项重大工程。由于其在建筑工程上的业绩十分显著,因此官阶先后升迁16级,其中按吏部考核晋升的仅有7级。大约在北宋

大观三年（1109），李诫在为父守孝满三年后出任虢州（治今灵宝）知州；大观四年，病逝于虢州知州任上。据记载，虽然其在虢州为官时间不长，但"吏民怀之如久被其泽者"。后来，李诫归葬于梅山脚下（今新郑龙湖镇于寨村西）的李氏祖茔。2006年5月25日，李诫墓被国务院公布为全国重点文物保护单位。

除建筑学家的身份外，李诫还是一位博学多艺的人才。他精于书法，籀篆草隶均有很高的水平；他研究地理，著有《续山海经》10卷；他研究历史人物，著有《续同姓名录》2卷；他懂马，著有《马经》3卷；他善于画马，所画的《五马图》得到绘画艺术造诣颇深的宋徽宗的赞赏；他研究文字学，著有《古篆说文》10卷；他精通音乐，著有《琵琶录》3卷；他对博艺游戏有一定研究，著有《六博经》3卷。可惜这些著作大都已失传，但这些方面的才能对他在建筑设计创造方面产生了深刻的影响。

《营造法式》其书

李诫一生最大的贡献是编写了《营造法式》。由于宋哲宗对元祐六年（1091）编成的《营造法式》（又名《元法式》）很不满意，遂于绍圣四年（1097）敕令当时担任将作监丞的李诫重新编修，至元符三年（1100）成书，并于徽宗崇宁二年（1103）受诏颁行于世。全书共34卷，另有《目录》1卷、《看详》1卷。正文总计357篇3555条，其中的308篇3272条是总结工匠的实际经验而成，约占全书的90%以上。可以说，《营造法式》是我国古代劳动人民宝贵建筑经验的结晶。

《营造法式》体系严谨，内容丰富，是当时建筑科学技术的一部百科全书，它把当时和前代工匠的建筑经验加以系统化、理论化，成为当时通行全国的建筑工程法式。全书主要内容分为五部分：

一是"名例"（1—2卷），即关于建筑术语的名词解释，以及各种数据的说明。二是"制度"（3—15卷），即关于建筑工程的施工方法，包括13个工种176项工程的尺度标准及基本的操作要领。三是"功限"（16—25卷），即关于各种劳动定额的计算方法，力争做到因人、因时、因地而灵活掌握。四是"料例"（26—28卷），即关于各个工种使用材料数量的精确定额，也包括关于工作质量的各种规定。五是关于各种工程的"图样"（29—34卷），包括当时的测量工具和各种构件的平面图、断面图、详图和彩图，并标有文字说明，充分反映了我国古代工程制图学和美术工艺的高超水平，是书中很珍贵的一部分。

《营造法式》在北宋刊行的现实意义是严格的工料限定，既便于生产又便于检查。作为王安石执政期间各种财政、经济的有关条例之一，有效杜绝了土木工程中贪污盗窃现象的发生。同时，它也反映了宋朝建筑科学的辉煌成就，尤其是在建筑设计中制定了模数的概念，即"材分制"，较之17世纪伽利略的类似结论，整整早了5个世纪，在世界建筑史上是非常了不起的成就。

《营造法式》以其本身独一无二的价值，对后世产生了广泛的影响。元代水利工程技术中关于筑城部分的规定，几乎和《营造法式》的规定完全相同；明代的《营造法式》和清代的《工部工程做法则》也吸收了其中的很多内容。它流传到西欧、日本后，曾引起当地建筑界的轰动，成为他们研究、学习中国古代传统建筑工程技术的珍稀资料，在世界建筑学史上占据了重要地位。

梁思成之爱

梁思成，中国著名建筑学家和建筑教育学家，一生倾注于中国古代建筑研究，李诫正是他心中的榜样和精神导师。他评价李诫：

"他是一位卓越的建筑师,书画兼管的艺术家和渊博的学者。"1928年3月21日,梁思成与林徽因结婚,因为这是宋代为李诚立的碑刻上刻的唯一日期;1932年,他们的儿子出生,取名"梁从诚",意为"跟随李诚",可见李诚在梁思成心中的分量之重。

梁思成对《营造法式》的研究更是到了痴迷的程度。1925年,在美国宾夕法尼亚大学建筑系求学的梁思成收到父亲梁启超寄来的一本商务印书馆出版的古籍善本《营造法式》,信中写"此一千年前有此杰作,可为吾族文化之光宠也,在书的扉页上写着"赠思成、徽因俾永保之"。但由于历史久远、缺少实物印证,加之书中大量宋代的建筑术语,晦涩难懂,近40年后,梁思成回忆说:"当时在一阵惊喜之后,随着就给我带来了莫大的失望和苦恼——因为这部漂亮精美的巨著,竟如天书一样,无法看得懂。"于是,1931年梁思成开始系统而深入地研究《营造法式》这部"天书"。为了弄懂《营造法式》,他从1932年春天开始外出调查,寻找宋代建筑的实物,加以印证。在此后的十余年间,调查了2000余项古代建筑,其中唐、宋、辽、金木结构建筑将近40座。通过对这些实物的测绘,对《营造法式》有了比较深入的理解。抗战期间,在艰苦的条件下,他也没有停下对《营造法式》的研究工作,主要是对文字进行考订、注释,力求将难懂的宋代文字译成今人能懂的语体文。抗战胜利后,由于其他工作十分繁重,梁思成将研究《营造法式》的工作搁置起来,直到1961年又重新上马。时任国务院副总理的陈毅曾指示,让梁思成把《营造法式》的注释工作继续做下去;清华大学为他配备了楼庆西、徐伯安、郭黛三位助手。经过一年多的努力,到1963年已完成"壕寨制度""石作制度""大木作制度"的绘图和文字注释工作。1972年,梁思成病逝。1978年起,经过梁思成三位助手两年多的努力,终于由中国建筑工业出版社出版了《营造法式注释本》上卷。

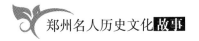

梁思成一生从事古建筑研究达38年,其中直接从事《营造法式》研究及相关工作达19年之久,整整占去了他半生学术生涯。

(作者单位:中共郑州市委党史和地方史志研究室)

中山先生的先祖孙固

李　红

孙中山的先祖是郑州人

2010 年 11 月 29 日,广东河源市安奉孙中山先生铜像的仪式上,孙中山先生的孙女孙穗芳说:"中山先生曾亲口说过……我们孙家,从河南陈留迁到江西,再迁到福建,从福建再搬到广东。"一石激起千层浪,引来不少人苦苦寻觅孙中山的"故乡"。上街区柏庙村的郑州柏庙孙氏古今文化研究会率先响应,认为"只有上街柏庙村有可能是孙中山祖先迁出地"。省内一家媒体发表文章,举实证说明孙穗芳所说的远祖迁出地在开封东南一带,证据是台湾著名学者、客家学大师罗香林民国三十一年写的《国父家世流源再证》一文中写道:"由新发现之忠坝孙氏族谱,更可上溯其先世,本居河南陈州,自唐末黄巢变乱,有孙𬤝公者,南下平乱,始迁江西宁都……至宋有讳承事公者,复迁居福建长汀河田。至明永乐间,有讳友松、友义者,再迁广东长乐琴江都……"陈州的治所在淮阳县,开封东南先后为陈留郡、陈州府管辖,孙穗芳所说的陈留、罗香林所说的陈州,指的可能就是这一带。

然而,最近几十年大陆的大量研究表明,罗香林在台湾得到的证据不能令人信服。许多证据表明,孙中山先生的先祖是北宋时期的郑州名宦孙固,不存在唐末迁居到江西的情况。

何光岳著、湖南教育出版社出版的《舜裔源流》记载："始祖孙固，金陵人，宋神宗枢密使，因忤王安石，谪居江西，传到十五世孙孙常德，元杭州刺史，迁玑珠巷。明初……迁东莞县员头山，与子贵荣、贵华、贵绍、贵武同居员头山。贵华又居上沙乡……永乐间迁永安。友松子建昌，迁增城，又迁香山涌口村。生子迥千……于清乾隆时迁翠亨村（孙中山出生地，今属广东省中山市南朗镇）。"

胡去非编纂、民国二十六年十月商务印书馆出版的《总理事略》记载："翠亨孙氏，系出金陵，其远祖有名固，字元中（应为允中），谥温靖者，宋英宗治平间进士，曾官神宗朝枢密使，与韩琦友善。及王安石为相……谪居江西。传至十五世祖常德公，仕元为杭州刺史。及明初……居东莞之员头山。……乾隆时……由涌口迁居翠亨乡迳仔蓢（今翠亨村），乃为翠亨乡之始祖。……"

广东省东莞市政协编写的《东莞文史（第二十六辑）孙中山先生先代故乡资料》，孙中山侄孙孙满的《恭述国父家世源流》回忆，国民党元老吴稚晖民国廿九年十一月十二日在总理诞辰纪念会演讲《总理与中国革命》时说："总理直系的老祖宗，是北宋时候南京一位名士，做过宋朝枢密使的孙固，总理就是孙固的三十三代孙。在元朝末年，又有一个杭州的孙常德，曾做过元末的刺史，他是孙固的十五代孙……从杭州远远的迁到广东东莞县……他的子孙……又从东莞搬到香山县，再移到翠亨村，这就是后来总理的诞生地了。"

以上资料证明，翠亨孙氏的先祖是孙固，但孙固的籍贯不是金陵，按《宋史·孙固传》，他是地地道道的"郑州管城人"。

孙氏后裔的迁居历程

清光绪六至九年（1880—1883年）编翠亨《孙氏家谱》，记有孙氏迁到此地的情况："始祖、二世、三世、四世祖俱在东莞县长沙乡（上沙乡）居住。五世祖礼赞公，在东莞县迁居来涌口村居住。姚莫氏太安人生下长子乐千、次子乐南，乐千居住左垅头，乐南居住涌口。……兹于乾隆甲午年，十一世祖瑞英公即迁来迁仔茜村居住。"其中没有明代以前孙氏搬迁的情况，但东莞市上沙村（今东莞市长安镇上沙管理区）的《上沙孙氏族谱》却记得很详细，正好跟翠亨《孙氏家谱》上下相接。

《上沙孙姓族谱》的《孙氏世系原序》记载，宋代的孙固是他们的远祖："至宋熙宁时，历官枢密副使，世袭金吾，太始祖温靖公讳固，字允中，号和父，望重朝端，勋铭竹帛。"族谱《宋太始祖》记载："温靖公讳固，字允中，号和父，谥温靖。诏授光禄大夫，枢密副使，世袭金吾。"族谱《孙氏世系辨（依前辈抄来）》记载："太始祖允中，讳固，乃宋枢密副使，袭金吾，原居金陵省之城，因议王安石，陈青苗，忤旨，被谪吴西，由是世居江西也。"族谱《宋太始祖温靖公履历图》记载："温靖公讳固，字允中，号和父，谥温靖。诰授光禄大夫，枢密副使，世袭金吾。……公登进士第，始仕州县进知，历官颖王宫侍讲，又为侍读，擢天章阁侍制，知通进银台。……元丰初，同知枢密院事，改大中大夫，枢密副使，进知院事。又拜观文殿大学士，知河阳寻奉祠，历拜门下侍郎，复知枢密院事，累官右光禄大夫。"

以上各记载文字基本相同，可以确定孙固是孙中山的远祖。但族谱记载与《宋史·孙固传》有出入。《宋史》记载，"孙固，字和父，郑州管城人"，先后任司户参军、知通进银台司、审刑院、判少府监、枢密院副使、知河南府、门下侍郎、枢密院副使、光禄大夫。曾因对王安石任宰相及颁布《青苗法》有异议而被贬至澶州等地。他一生主要在磁州、霍邑、河阳、嵩山、郑州及开封等地任职。《宋史》没有孙固居金陵和贬江西的记载，但"字和父"与族谱的"字允中，号和父"一致。沈起炜主编、上海古籍出版社出版的《中国历代人

名大辞典》记载:"孙固(1016—1090),宋郑州管城人,字和父。……神宗立,擢知通进银台司。……元丰初,同知枢密院事。哲宗时知河南府。元祐间拜门下侍郎,知枢密院事。官至右光禄大夫。卒谥温靖。"

综上,《上沙孙氏族谱》记载的孙中山远祖孙固与《宋史》记载的孙固是同一个人。《宋史》记载孙固为郑州管城县人,作为官方的正史肯定是可信的,由此可得出结论:孙中山的远祖孙固,北宋时期住在郑州管城县,晚年仍在郑州生活。换言之,北宋时期,孙中山的先祖生活在中原地区的郑州管城,而不是陈留或者陈州。《上沙孙氏族谱》说孙固居住在金陵(即南京)可能是个误会,也可能是指孙固的后人。

孙固其人其事

孙固,字和父,北宋郑州管城县,生于大中祥符九年(1016),卒于元祐五年(1090)。他从小就有远大抱负,9岁读《论语》,说自己可以精通此道。北宋思想家、理学先驱石介对他寄予厚望,说他以后会成为辅佐朝廷的大臣。他成年后不负众望,官至枢密院副使、光禄大夫。枢密院是宋代的重要衙门,可以干预朝政,直接指挥朝廷公事,可以剥夺宰相的权力,甚至可以操纵君王的废黜和拥立。光禄大夫也很了不起,是朝廷的一品大员,权力和宰相差不了多少。

孙固德才兼备、智慧超人。宋英宗治平年间(1064—1067年)进士及第,任磁州司户参军。景祐四年(1037)文彦博出任河北宣抚使,平定贝州王则之乱,孙固作为随从,主张首恶必诛、胁从不办,与文彦博的意见不谋而合,最终平息了动乱。宰相韩琦知道他的德才能力后想召见他,孙固却不趋炎、不附势,不肯前往,因此韩琦更加器重他。

宋神宗赵顼还是颖王的时候,孙固就是他的侍读,直至赵顼被立为皇太子。赵顼即位后,提拔孙固为工部郎中、天章阁待制、知通进银台司。孙固外交意识很强,在处理西夏问题上有独到见解,当初大将种谔想攻占西夏的绥州,孙固规劝宋神宗:"对待外族人,应该讲究信义,没有好的名义就发兵攻打,不是什么好的计谋。兵器就是凶器,不应该随便动用,随意动用武力,将来是会后悔的。"朝中许多大臣反对他的意见,就进谏让他出任澶州知州,但最终的事实证明,他的意见才是正确的。

孙固心胸坦荡、敢于直言。为摆脱内忧外患,宋神宗立志革新,熙宁元年(1068)四月召王安石进京准备变法。此时孙固已经回朝,先任打官司断案的审刑院知事,再任掌管来往公文的银台司,后来任掌管铸造钱币等事务的少府监。宋神宗问孙固:"王安石能当宰相吗?"孙固直截了当地说:"王安石的文才虽然很高,但他气量狭小、不能容人,让他担任侍从、进谏之类的职务还可以,当宰相就不太合适了。"宋神宗总共问了他四次这个问题,他每次都这样对答,因此和王安石结下了私怨。后来王安石当权,要改革法令制度,实行《青苗法》,孙固多次与王安石意见不一。宋神宗听宰相韩琦的意见,也说"青苗法确实不适宜"。不过,宋神宗最终还是听从王安石的意见,并将孙固降职。最后,《青苗法》推行以失败告终。

当时有人提议,尊奉赵匡胤的祖爷爷赵朓为宋朝始祖,孙固说:"宋朝得到天下,都是太祖赵匡胤的功劳,没有人可以取代他的地位。赵朓没有什么建树,以他为始祖不合适。可以为赵朓另外立庙,祭奠始祖赵匡胤的时候,同时祭祀赵朓以示他的尊贵就可以了,这样也符合祖宗因孙子而尊贵、孙子不因祖宗受委屈的常理。"宰相韩琦大为赞叹:"你的建议足以成为不朽。"就加封他龙图阁直

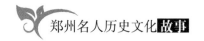

学士、真定知府。

孙固心思缜密,料事如神。元丰四年(1081)六月,西夏的梁氏太后囚禁了西夏的国君,宋神宗希望乘西夏内乱之机发兵,剿灭西夏:"西夏内乱,有机可乘,我们不去攻打,就会被辽国占有,我们不能失去这个机会。"孙固说:"不到万不得已,我们最好还是声讨他的罪行,分割他的土地,让他们的酋长守住自己的土地就行了,不要彻底剿灭他。"宋神宗没有采纳,并决定兵分五路进攻,但没有选出主帅。孙固说:"五路进军却没有主帅,即使成功,军队也必定会作乱。"宋神宗说:"主帅确实没有合适人选。"孙固说:"那还不如停止发兵呢。"宋神宗一意孤行,其军队果然无功而返。事后,宋神宗说:"我开始认为孙固的话迂腐,现在后悔都来不及了。"于是将孙固提拔为太中大夫、枢密院副使,升任枢密院知事。

宋哲宗即位后,孙固出任河南知府,迁移到老家郑州就职。司马光任陈州知州经过郑州,孙固对他说:"你将来当了宰相,要分辨事情的轻重缓急,审慎处理。"元祐二年(1087),孙固被召回京都,授门下侍郎。宋哲宗和太皇太后怜悯他年纪大,每次上朝,别人都要行跪拜礼,他却可以在篷帐中休息。孙固多次请求告老辞官,太皇太后说:"你是先帝的旧臣,现在皇帝刚执政,需要你辅佐开导,你身体不好时,可以带着公文在家办公。"孙固大为感动,说:"人当以圣贤为师。""用爱父母的心爱君主,就会无所不尽了。"最终,孙固加封为光禄大夫,至元祐五年去世,赠开府仪同三司,谥号"温靖"。傅尧俞为孙固写墓志铭:"司马公清白的品节,孙公纯正的德行,都是不用表白就能让人相信无疑的。"

(作者单位:中共中牟县委党史和地方史志研究室)

大明礼部尚书任昂

李豫州

　　两度出任尚书,在位期间负责制定的国家礼仪标准,制定了国子监学规、文官封赠荫封制度、乡饮酒礼等制度,还制定了科举考试的相关规矩,颁布全国执行,对明代初期乐章礼仪制度的设定做出了突出贡献——他就是大明礼部尚书任昂。

　　任昂,字伯颙,号武岗,今荥阳市广武镇茹固村人,1341 年考中进士,翌年任宁晋县(今属河北省)知县,当时正逢兵荒马乱,未能上任,闲居在家。任昂在家乡茹固村苦读经典,修心养性。

　　1368 年正月初四,朱元璋登基为帝。国家肇建伊始,统治范围扩大,地广事繁,万机待理,急需人才。朱元璋下诏说,贤才是国家的宝贝,在全国招贤纳士,大小官吏可以各种方式广举人才。任昂因为有才学,通过举荐途径,很快得到任用。当初,他任襄垣县(今属山西省)主管教育的训导,不久提升为御史。

　　洪武十五年(1382),任昂晋升正二品礼部尚书,主管朝廷礼仪,制定国家典章法度,在天下颁行。

　　朱元璋鉴于元朝灭亡的教训——法制不立,纪纲废弛,造成义军蜂拥直起到自身土崩瓦解,认为天下稳定与人心取向败于礼法,必须振纪纲、明法度、辨贵贱、明等威。30 余年,制定了很多礼仪法规。任昂作为礼部尚书,主持制定了一系列朝仪典章,有明一代的礼制典文日臻完备,这些礼法制度的施行,对明初社会秩序稳定起

到了关键作用。

朱元璋告谕天下："学校之设,国之首务","治天下以人材为本,人材以教导为先"。他对办学非常重视,大力发展教育。洪武十五年三月初七,朱元璋将全国最高学府国子学改名国子监,罢免了治纪不严的国子监祭酒李敬、吴颙,让任昂在国子监颁布学规。五月二十二,礼部颁布了约束生员行为的学规,镌刻在碑石上,树于明伦堂左边,令师生遵守。对不遵守的以违犯法制论处。之后,朱元璋批准又向全国颁布十二条学校禁例。在中国古代教育史上,明朝的学规最为严厉。

洪武十五年十一月十七日,任昂和工部一同刻补国子监旧藏刘向的《说苑》《新序》等书的书板。《明史》称赞明代学校之盛,远远超过唐宋时期。《明史》说:大抵没有什么地方不设学校,没有谁不列入教育之列,朗朗的读书声,层层叠叠的管理制度遍布全国,即使在小县荒野,山区海涯也没有空白,这便是明代学校的状况,唐宋以来无法相比。

元代,文化遭到大规模毁灭性破坏。朝廷想使礼制、文化都兴旺起来,但是任重道远。任昂就进呈奏章,请求恢复科举取士制度。任昂的建议得到皇帝首肯。于是,他受命确定考试程式,确定科举考试的政治地位及社会高度。这个仪式比以往更加详备。洪武十七年三月初一,颁布科举考试的程式,停开十年的科举考试重新实行,皇帝规定科举考试与州府推荐并行的选举人才制度,命令任昂在原籍贴出被录取人的名单,让他们感到荣耀。从此,科举取士制度一直沿用了500多年,直到1905年才被废除。任昂建议恢复明朝的科举制度,学子们都尊称他为祖师。

广东都指挥狄崇、王臻原配死后续娶小妾为继室,妻因夫贵,请求册封淑人封号。朝廷商讨此事,韩国公李善长和任昂认为:"礼莫大于分,分莫大于名。妾不可为嫡夫人。"(礼教中最重要的是区分地位,区分地位中最重要的是匡正名分。妾的地位低于正妻,妾不能成为正妻、嫡夫人。)坚持不能予以认可,皇上赞同了他们的意见,同时颁布条例,规定正妻死后不许立妾为妻。又令任昂同吏部一同制定了文官封赠荫封制度十一条、承荫序补条例五条、武臣袭职之例、官民居室器用之制、大成乐器礼仪颁布天下。府州县官为政八事(八个标准)考核地方官、对平定云南立功的人奖赏等并不属礼部管辖范围,皇上也让任昂主持。

洪武十六年十月,朱元璋下诏颁行任昂负责设计的乡饮酒礼图式于天下。该图式旨在尊贤敬老、尚德崇礼、表彰德行,明确规定了府州县和乡间里社乡饮酒礼的时间、地点、经费、列坐次序、仪节程序、读律仪式等条款,独创性加入了通过安排饮酒行礼的尊卑座次来惩戒过错的内容,把国家礼制与基层秩序建设融合成一体,具有一种推崇礼仪、教化百姓、和谐邻里关系的精神教育功效。

明朝初年,国家倡导建祠,祠内人物的复杂性造成了祭祀体系混乱,加之民间迷信之风盛行,乱敬鬼神,乱盖庙宇,泛滥成灾,劳民伤财,破坏了入祀标准,违背了创建的初衷。任昂上疏请求毁掉全国范围的"淫祠",毁掉这些不在祀典之列的额外滥建的祠庙,而历代对国家、对人民有功德的人,官方认可后进行祭祀典礼,让百姓永远纪念他们。朝廷采纳他的意见,经他带有官方性质纠正典号的庙宇有:蜀地祭祀秦守李冰、文翁、张咏;密县祭祀太傅卓茂;钧州祭祀丞相黄霸;彭泽祭祀丞相狄仁杰……这些先贤受到人们祭祀,是因为他们生前在任上时政绩显著、惠泽于民。任昂使各地被祭祀的人各得其位,使其生前的功绩更加清晰、更加突出。

第二年,"淫祠"被毁坏拆掉,各地百姓因此受到教化的洗礼,进而更准确地把握了德和善的概念。

明朝是一个"礼治"社会。礼教、道德规范是其法律规范的核心。一方面,被祭祀的人因高尚的气节得到了官员、百姓的祭祀,

其榜样激励作用在很大程度上影响着社会风气。另一方面,通过祭祀,宣扬一种崇高的品质,引导官吏尚德,尽职尽责,控制教化民众遵纪守法,突出了祭祀的社会功能,使政教风化在当地发挥了潜移默化的作用,达到了维护社会稳定、巩固国家统治秩序的目的。这都是任昂的功劳。

清康熙三十年《河阴县志》记载:"任昂以文华殿大学士老(死的讳称)。卒日,赐葬祭,且敕赐(皇帝赏赐)乡贤。"

任昂墓在茹固村西南 500 米处。弘治十八年(1505),河阴县人、右副都御史杜忠和许庭光立《大明礼部尚书任公墓》碑。《明史》有《任昂传》。

(作者单位:荥阳市市场监督管理局)

神笔张林宗与中牟蒲芦亭

王曜卿

中州名士张林宗

张民表,字林宗(以字行),一字塞菴、法幢、武仲等,自号原圃猎徒、旃然渔隐、蕊渊道人等。生于明嘉靖庚午年九月朔日(初一、公历 1570 年 9 月 30 日),世居中牟畠泽里,今中牟县三官庙乡土墙村人,明末工部右侍郎、南京户部尚书、太子太保张孟男的次子。张林宗自幼聪敏,博闻强记,过目成诵,明万历甲申年(1584,15 岁)考中秀才,万历辛卯年(1591,22 岁)考中举人,翌年进京会试不中,此后虽十数次参加会试都名落孙山,"十上公车不达,年七十志不稍衰"(闽派鲁《大梁张林宗先生传略》)。中晚年长期寓居大梁(今开封市)夷门内,逐步成为明末中州名士,著名诗人、书法家、藏书家。

诗人张林宗

张林宗是明末著名诗人,清康熙皇帝敕令编纂的《御选宋金元明四朝诗·御选明诗》(简称《御明诗选》)收录其《陈古白》《汪明生》两首,《御制渊鉴类函》及朱彝尊辑录的明代诗歌总集《明诗综》均收录其《饮酒示唐肯堂》《闾门见别者代为吴歌》两首,清初钱谦益编纂的《列朝诗集》收录其《陈古白》《汪明生》《松江》《同

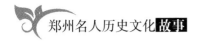

献孺过损仲宝觥斋得觥字》四首,清末陈田编著的《明诗纪事》收录其《陈古白》一首,雍正《河南通志》收录其《汉封三柏》《蒲芦亭泛舟》两首[张林宗诗歌的原题是《泛舟西南之陂之会(损仲邀)》,《河南通志》收入时修改了标题]。这些诗集大多附有张林宗小传,《明诗综》《御制渊鉴类函》另附有诗话:"民表,字林宗,一字武仲,中牟人,万历辛卯举人,有原圃、塞菴诗集。诗话:寇围大梁,汴人死守不降,有献策高巡抚名衡者曰:贼营附大堤,决河灌之,尽为鱼鳖矣。周王募民垒羊马城,高厚如岸,援兵掘朱家砦口,贼党觉之,移营高岸,多储大航巨筏,反决马家口以灌城,河骤决,声震百里,排城北门入,穿东南门出,流入涡水,涡忽高二丈,士民溺死数十万。林宗负其先祠木主登筏,邻人求登者众,林宗不忍,移筏就之,筏且沈,乃移筏登屋,水大至而没。久之,门人周侍郎元亮为刊其遗集,仅存百一尔。存者,悉非其称意之作,可惜也夫。"他的诗作丰富,可惜在他临终时全部付诸东流,后经其门人(学生)周亮工等收集,刊刻《原圃集》、《塞菴诗》4卷,流传遗作150余首。张林宗的诗多为五言诗,文字质朴,格调清新自然,正如他在《昙英上人诗序》中所说:"文字者,法语也……勿以琐行自拘也。"其诗还注重写实,明王锋在《与质公》中称:"大梁张林宗,诗家董狐……"

书法家张林宗

张林宗号称"神笔",是当时著名的书法家。中牟至今有很多关于张林宗的传说,说他神笔以绘画著称,如"画虎吃人""画烛照亮""画兔惩财主""画蝈蝈知阴晴"等,其实这是民间传说对历史的误读。所有史料均显示,张林宗并不喜画、善画,其"神笔"是指他在书法方面的造诣。相传明万历年间,皇宫内建了一座气势恢宏的宫殿,皇命召张林宗题写匾额,等匾额写好挂到宫殿时,有人发现"天下太平"的"太"字缺了一点,众臣急令取匾添加。张林宗拦住取匾的人,将手中笔饱蘸浓墨,向高悬在两三丈开外的匾额抛去,这一点不偏不倚正得其位,神气力道恰到好处——原来这是张林宗故意卖的一个关子。众人见状无不惊叹。而皇上更是龙颜大悦,说:"张林宗真乃神笔!"从此"神笔张林宗"的说法就流传开了——这个传说才是关于张林宗"神笔"的正确解读。

张林宗的草书驰名中州,当时向他索求墨宝者络绎不绝,许多官僚豪绅均以得到他的书法作品为荣。但他从不替商人写字,有劣迹的豪绅也坚决不写,对落第举子却时常慷慨赠书以励其志,对市井村夫也不吝把酒提笔。他"晚年书法益进……四方之至大梁者,自王公贵人以至走卒贩夫,无不以得见先生颜色为幸"(周亮工《张林宗传》)。《御定佩文斋书画谱·第四十四卷书家传二十三》记载:"张民表,字林宗,中牟人……喜饮及草书,饮少许即颓然,挥洒放笔,如有神助。"(《书史会要》)张林宗的书法对时人影响很大,周亮工《读画录·杨无补》:"性好弈,又工临帖,善写照。予师张林宗先生,没于黄流,余思追慕先生小照,偶以语君,君曰:'大异事! 今夜方梦林宗。授我以笔,当急归图之。'"

水月菴本是普通的寺庙,各地皆有,唯独中牟县水月菴因为张林宗作《水月菴命名记》并题写"水月菴"匾额而成为"行旅之人望而投憩之所"。王士祯(原名王士禛)《秦蜀驿程·后记下》对此也有记载:"晡(初八日)抵中牟县,过南湖蒲卢亭。张林宗(民表)尝饮酒于此,予易名垫巾亭,……食水月菴,精庐甚雅。有林宗榜书,筋骨类颜柳。林宗,万历末名士……"这块石匾在 2008 年文物普查时从官渡镇仓寨村一座小庙的墙壁上被发现,上面有"大明天启四年三月吉日水月菴邑人张民表书"等字样,见者无不称赞张林宗题写的匾额有巧夺天工之妙。河南省一位资深书法家称赞说:"水月菴三字不仅苍劲有魂,笔笔蕴涵大家风范,更让人称道的是月字右竖折,竟用的是上反钩,这样的笔法在古今中外实属罕见。"

藏书家张林宗

张林宗喜好读书,家藏书万卷,终日研读不辍,其诗文中有大量关于读书的佳句,如"去子才三舍,堆书满一床""古识深观鼎,奇闻秘读书""一编书自读,十亩秫聊耕""万卷书堪破,千钧弩易张""取荫千章木,消闲万卷书""小囱无杂事,读得几行书""贪他山色身无恙,中得书淫病未痊",都是他读书生活的真实写照。清倪涛编撰的《六艺之一录》载:"张民表,字林宗,中牟人,万历辛卯举于乡。性嗜古文词,藏书数万卷,手自点定。"他热心助人,万历乙未(1595)科进士王惟俭(字损仲,明末藏书家、鉴赏家,官山东巡抚及南京兵、工两部右侍郎)著《文心雕龙训故》,就得到了他的帮助。万历三十九年(1611)王惟俭校刻《史通训故》,他在《史通训故序》中记述:"余既注《文心雕龙》毕,因念黄太史有云:'论文则《文心雕龙》,评史则《史通》,二书不可不观,实有益于后学。'复欲取《史通》注之。中牟张林宗年兄以江右郭氏《史通评释》相示,读之,与余意多不合,乃以向注《文心雕龙》之例注焉。历八月讫功。"

清叶昌炽宣统年间著《藏书纪事诗》七卷,是我国第一部以纪事诗体为古代藏书家立传的著作,使藏书家的功绩昭然天下。此书卷三《张民表林宗》条有诗赞曰:"陂头老杏酒旗招,岌岌高冠带欲飘。东涧盟言留息壤,西亭著录荡寒潮。"诗后还引《列朝诗传》(《列朝诗集小传》)文:"林宗……与祥符王损仲友善,余之交于林宗,以损仲也。宗尉西亭多藏书,余属林宗购其书目。天启中,余以奄祸里居,客从大梁来。林宗缮写,间关寓余,酒间片言,皎如信誓,生平为可知矣。"钱谦益的《列朝诗集小传》在记述周睦郿的作品时也写道:"余从中牟张民表,钞得其书目……"

由于他的才学和名气,天启二年(1621)段耀然任中牟知县,因县志已30年未续修,就聘张林宗主纂《中牟县志》,其篇目合理、体例新颖,天启六年刻印成书。

张林宗不仅藏书丰富,他还是明末私人刻书家,据《明代版刻综录(第五册)》(杜信孚纂辑,江苏广陵古籍刻印社 1983 年版)记载,今流传下来的张林宗刻本有万历十六年进士李鼎的《长卿集二十八卷》(明万历四十年张民表刊)。《河南图书馆学刊》1986 年第 1 期《明代河南私人刻书家知见录》对此也有记载。

风流名士张林宗

张林宗还是当时著名的中州名士。寓居开封期间,与王思任、王损仲、宋献儒等诗友在夷门结诗社,吟诗唱和、把酒言欢,其诗中 6 次出现"夷门",足见"夷门结社"对他影响之深远。他性情豪放,为人直爽,"尝顶高冠,飘二带,带上绣髯苏'半升仅漉渊明酒,三寸才容子夏冠'之句。乘贩车,无顶幔,一老犉牵之,朗吟车中,老幼环观,如温公在雒上时"。他广结善交,与纪坤等名家均有交往,大梁城的达官贵人都想方设法与之联络结交,使不睦权贵的张林宗不胜其烦,晚年时只得避客中牟。但避客中牟期间,仍"无日无客,无客不醉"。时人周亮工(字元亮)因文章出众而受到张林宗器重,称其为"德器"并收为入室弟子,后成为明末清初著名学者、诗人、书画家及收藏家。清人宋继郊编撰的《东京志略》、周亮工的《书影》称"林宗先生与汝南秦京、尉氏阮太冲,世所称中州三先生也"。周亮工的《阮太冲集序》称阮太冲"与吾师张林宗先生,及汝南秦京号为天中三君子"。孙奇逢道光甲辰年编纂的《中州人物考》称"秦镐字子京,汝阳人,有诗名,与张民表、阮汉闻友善,并以旷达称,时号天中三君子云"。此外,张林宗还与新蔡张体震(字后之)、阎汝用(字审今),尉氏阮汉闻(字太冲),汝宁秦镐(字子京),大梁王惟俭并称"中原六子","中原六子"加上镇平周有文又合称"中州七才子"。

崇祯年间,李自成义军转战中牟、开封,张林宗凭自己的名声和影响,敦促地方官固守城池,拯救黎民百姓。崇祯十四年(1641),河南巡抚倡议决黄河淹李自成义军,张林宗深恐危及百姓,力争不可。壬午年(1642)义军再围开封,九月十七日(公历10月8日),官府决黄河,全城一片汪洋。张林宗携家人及诗文乘筏逃难,因一路救人、人多筏沉,最终溺水而亡。除其弟子闽派鲁、周亮工为他写的传略外,《明季北略》(计六奇)、《中州人物考》中均有其详传,现代著名文学家姚雪垠的长篇小说《李自成》中,对张林宗的事迹也有大篇幅的记述。

张林宗与蒲芦亭

人出名要靠名人捧,地出名要靠名人崇。中牟县就有这样一个靠名人张林宗而出名的地名——旧时位于中牟县城城南的蒲芦亭。事实上,蒲芦亭与张林宗没有多少瓜葛,而是后人借助张林宗的名声,才使蒲芦亭在文人圈里渐渐出名的。

明万历十年(1582),乔璧星任中牟知县,万历十一年在县城南门外修建南湖,并修建蒲芦亭作为纪念。张林宗参与编纂的天启六年(1625)《中牟县志》称"蒲芦亭:南门外,知县乔璧星建",还收录了四川人张应登的《乔明府邀酌喜雨》诗:"载酒轻骑共此过,蒲芦亭上雨翻河;甘霖已慰三农望,爽气时来满座歌。"

后来的一些文人说,张林宗在中牟期间,与其门人周亮工及一些文人朋友,多次在南湖和蒲芦亭悠游,写了不少诗文,并以此把蒲芦亭与张林宗挂钩,作为中牟名景的地域符号——这完全是主观臆断,张林宗及其交游者的诗文中从未提及"蒲芦亭",也从未提及"南湖",后世文人将他们诗文中的"南陂"视为南湖。张林宗虽然是中牟人,但长期居住在开封,在中牟的时间很少,后来归隐中牟时,也就是后人所谓的他与阮太冲、王损仲等相邀同游蒲芦亭时,已是60多岁的老年人,距乔璧星建蒲芦亭已过去50余年,大抵蒲芦亭已破败不堪甚至已不存在,所以他的作品中从未提及蒲芦亭,至于"南陂"是不是南湖,也只能说是一种猜测。不过,作为中牟县曾经的名胜,蒲芦亭在当地人中还是有些影响的,所以天启《中牟县志》对之略有介绍。

康熙九年(1670),韩荩光任中牟知县,重建蒲芦亭,冉觐祖作《韩父母重构蒲芦亭赋以志喜》记载此事。

康熙三十五年(1696),王士祯路过中牟,作《中牟县南湖蒲卢亭是张林宗饮酒处予易名垫巾题一绝句》诗:"南郭孤亭野水滨,菰蒲猎猎水鳞鳞,林宗未远风流在,不愧亭名是垫巾。"从诗题看,王士祯所说的亭子叫"蒲卢亭"而不叫"蒲芦亭"。他认为"蒲卢亭"名字不雅,因此为它改名"垫巾亭"。王士祯作此诗十三年后所写的诗话《分甘余话》进一步解释:"中牟县南门外有南湖,湖中有蒲卢亭,余以丙子使秦蜀,归过之,惜其名不雅驯,以邑名士张林宗(民表)常饮酒赋诗于此,改名垫巾,题一诗……"同时成书的《渔洋诗话》也说:"中牟南湖有蒲卢亭,张孝廉林宗(民表)时饮酒于此。余过之,嫌其命名非雅,易以垫巾,以存林宗故迹。"再五年后整理的《香祖笔记》有更详细的解释:"中牟县城南有湖数十亩,中有亭,额以蒲卢,为邑名士张林宗(民表)觞咏之地。予丙子以奉使祭告西岳,过之,惜其命名非典,因为易名垫巾,以存林宗之旧,使后来知名流故迹。按《毛诗·小宛》疏云:'螟蛉、桑虫也,果赢、蒲卢也,细腰土蜂谓之蒲卢。'郭璞《尔雅注》:'细腰蜂俗呼蠮螉,若水中之蒲,其根著于土,而浮蔓多缘木,故亦或谓之果赢',是细腰、水蒲得以互称,于命名之义,无一可者……"——"蒲卢"是细腰土蜂(各种古籍上的解释相同),所以不雅。东汉有个儒雅之士名叫郭林宗,下雨时常以头巾的一角垫额,时人争相仿效,称为"林宗

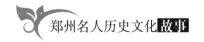
巾"。张林宗也是儒雅之士,因此王士祯改名"垫巾亭"以纪念张林宗。

另有清代山西太谷人孟淦《寄中牟张大令德履》诗后自注:"中牟南湖蒲卢亭,是张林宗饮酒处,阮亭易名垫巾亭。"与王士祯的诗相呼应。

王士祯、孟淦的说法可能是一种误会,他们看到的"卢(盧)"字,或许只是"芦(蘆)"字掉了个草字头而已。此时距韩荩光重建蒲芦亭又过去了26年,部分笔画脱落、不清也属正常。但不管怎么说,在此之前,即使在中牟,蒲芦亭也没有多大名气。雍正十三年(1735)《河南通志》以及后来的《中牟县志》,将王士祯的诗歌标题"篡改"为《蒲芦亭》,从而使蒲芦亭逐步名扬在外。同时被篡改的,还有张林宗的诗《泛舟西南之陂之会(损仲邀)》,标题被篡改为《蒲芦亭泛舟》。两位名人的两首被"篡改"的诗题,以及其他名人的诗文,如冉觐祖《雨后泛湖因登古城沽酒不得歌以写怀》中的诗句"南湖雨初歇,踏泥唤野航;促膝能容客,稚子亦相将。近接蒲芦亭,翼然水中央;登临得少憩,庭槐散清凉"使蒲芦亭日益为文人所重,影响直至今日。

魏士健于雍正八年(1730)任中牟知县,雍正十年再次重建蒲芦亭,立石镌刻"南湖旧迹""林宗先生饮酒处",迎合"王大司寇所题易名垫巾之遗意"。中牟举人冉调衡作《魏公重建蒲芦亭记》,认可王士祯的说法。雍正《河南通志》将蒲芦亭作为古迹列入"卷五十一 古迹":"蒲芦亭,在中牟县南门外四水中";"卷七十四 艺文三"篡改王士祯、张林宗的诗题。后来的《中牟县志》同样如此。

同治十年(1871)、民国二十五年(1936)的《中牟县志》,收录包含吟咏"蒲芦亭"的诗文十首(篇)。乔璧星重建蒲芦亭后,韩荩光作《初游蒲芦亭同赋》,冉觐祖和诗《次韵奉和韩年兄游蒲芦亭

之作》,仪封知县曹之锦康熙十四年(1675)和诗《乙卯阳月游蒲芦亭步韩父母》。康熙九年,冉觐祖作《张孝廉民表崇祀乡贤碑记》:"驾扁舟,泛南陂,登蒲芦亭,狂歌醉舞。"万历三十四年(1606),乔璧星出任四川巡抚路过中牟,作《赴蜀中任过中牟饮蒲芦亭》诗。

（作者单位:中共郑州市委党史和地方史志研究室）

高阁老的生前身后

李　红

新郑及周边流传着许多高阁老的故事。阁老，是唐代对中书舍人中资历者及中书省、门下省属官的敬称。五代、唐宋对宰相也称阁老，明清时对翰林中掌诰敕的学士称阁老。新郑传说中的高阁老就是明神宗年间的高拱。

高拱（1512—1578），字肃卿，号中玄，新郑人。生于官宦世家，六世祖徒居新郑，祖父高魁官至工部虞衡司郎中，父亲高尚贤官至光禄寺少卿，他本人官至中极殿大学士、吏部尚书、内阁首辅，位极人臣。

好学上进，终成大器

明正德七年（1513）十二月十三日，高拱出生于新郑，自幼勤奋好学，苦读经义。嘉靖七年（1528），17 岁的他就中举了；二十年，中进士，选翰林院庶吉士；二十二年，擢授编修；三十一年，任皇子裕王朱载垕（即后来的明穆宗）的讲读，竭力辅导，历时九年，后升任侍读，擢侍讲学士；三十九年，经内阁首辅徐阶推荐，拜太常寺卿、国子监祭酒；四十一年，擢礼部左侍郎；四十二年，改吏部左侍郎兼学士，掌詹事府事，参与重录《永乐大典》。此时高拱有资格晋升吏部尚书，他却说，吏部的事情不让两个侍郎知道，就不能上报皇上,以致百官徒有虚名,没有什么作为。一时舆论哗然,赞誉他光明磊落,胸怀博大;四十四年六月,升礼部尚书,兼翰林院学士。过去文人为官不懂礼法,弊病众多,高拱处理事务精细认真,每出一语,奸佞不寒而栗;四十五年三月,以礼部尚书兼文渊阁大学士,入阁参与机务,议决国家军政大事。虽然离开了裕王府,裕王府中的大小事,裕王都派人询问高拱,并亲书"怀贤""宏贞""启发宏多"赐给高拱。

嘉靖四十五年十二月明世宗驾崩,明穆宗即位,穆宗采纳高拱的建议,定年号为隆庆。隆庆元年(1567)二月,晋升高拱为太子太保、武英殿大学士;四月晋少傅兼太子太傅、吏部尚书。因为与首辅徐阶政见不合,被御史弹劾,五月回乡养病,穆宗下旨派专车专人护送,并赐予川资银两、白金蟒衣。曾在高拱府中任职的嵇元夫作《立秋日送新郑少师相公》诗相送:

单车去国路悠悠,绿树鸣蝉又早秋。
燕市伤心供账簿,凤城回首暮云浮。
徒闻后骑宣乘传,不见群官疏请留。
三载布衣门下客,送君垂泪到卢沟。

隆庆三年十二月,穆宗下诏让高拱还朝,任中极殿大学士兼吏部尚书,兼掌吏部;四年十二月,晋少师兼太子太师、建极殿大学士;五年五月成为内阁首辅;六年正月加柱国(一种荣誉功勋,不是实际官职)、赠太师,晋中极殿大学士。

宦海沉浮,辛辣酸楚

隆庆六年四月,明穆宗病重,召高拱与张居正、高仪为顾命大

臣,但传令宦官私自篡改诏命,令其与宦官冯保共担大事;五月,明穆宗驾崩,五月初十,明神宗即位。

当时朝廷内宦官专权,恣意胡为,高拱欲罢黜司礼监冯保的职权,并提前告知张居正。张居正却因高拱位高、恐其打压,千方百计阻挠。隆庆六年六月,张居正居然与冯保合谋,诬陷高拱擅权,并诉诸太后。据《明神宗显皇帝实录》(简称《神宗实录》)卷二记载:隆庆六年(1572)六月十六日,"罢大学士高拱。司礼监太监冯保等传,奉皇后懿旨、皇贵妃令旨、皇帝圣旨,传与内阁府部等衙门官员。我大行皇帝宾天,先一日,召内阁三臣至御榻前,同我母子三人亲授遗嘱,说东宫年少,要他每(即'他们')辅佐。今有大学士高拱,专权擅政,把朝廷威福都强夺自专,不许皇帝主管。不知他要何为? 我母子三人惊惧不宁,高拱便着回籍闲住,不许停留。"张居正在此事中扮演了极为龌龊的角色,六月十八日,"准大学士高拱驰驿归里,从辅臣张居正请也"。

高拱已被罢官,张居正仍贼不死心,继续迫害赋闲居家的高拱。万历元年(1573)正月,浙中贼人王大臣入宫行刺案发,冯保仍嫉恨高拱,与张居正合谋,借此事诬告高拱为主谋,欲致高拱于死地。《神宗实录》卷九记载:"冯保恨前大学士高拱阿意者,遂欲因其锻炼,以双刃寘大臣两腋间,云受拱指行刺,图不轨。"随后派人到新郑,缉捕了高拱的家人高来,以威胁高拱。高拱心生惧意,想饮鸩自尽,所幸被仆人房尧第发现后救下。三月会审此案,命葛守礼、杨博主持审。杨博找张居正质问,张居正矢口否认。杨博说此案非你出面不能了结。张居正迫于压力,才找冯保调停。审问中,王大臣受到严刑拷打,还让命高来出厅相认。王大臣揶揄冯保:都是你教我那么说的,谁认识高阁老是谁呀! 不得已,杀了王大臣灭口,高拱才逃过一劫。《神宗实录》卷十九记载:"王大臣伏诛。傍掠不胜楚,遂诬服,为言拱状貌及居止城郭,厂卫遣卒验之,皆非。

时大狱且起,张居正迫于公议,乃从中调剂,狱得无竟。"

为官正直,作风严谨

高拱为官,作风严谨,每天早晨到内阁问事,下午到吏部办公。他告诫吏部官员:吏部要善于发现人才,但人才并不容易被发现。大家要共同努力,发现一个人有德、有德到什么程度,一个人有才、有才到什么水平,一个人无德、无德到什么状态,都要记录在案;自己亲眼所见、亲耳所闻发现的人才,都要登记在册,便于考核官吏,做到升降得当、优劣分明。以往提升官吏,都是先把荐书交给郎中,郎中呈给吏部尚书。高拱认为,吏部堂有侍郎,司有员外郎,荐书虽列有姓名,但是吏部并不了解实情。他让主事把推荐材料送到后堂,由两个侍郎同下属共同讨论决定,使得下属想谋私也不可能。任用官吏,科贡与进士并重,唯才唯贤是举,不分资格。条件好的地区,预选但不急于任命,叫作养缺。凡有空缺都张榜公布,让有志者提前准备。边远和贫困地区,选拔德才兼备的主官,并放宽赋额、减免税收,缓解百姓困苦。州县长官任务繁杂,选择年富力强的人,50岁以上只授职杂官。经过高拱整治,吏制逐渐清明。

隆庆四年(1570),老家新郑县的城墙被水浸毁,知县匡铎上书请修城墙,河南巡抚李邦珍令卫辉府推官负责修城。时有四川、陕西等省的官吏,为结交高拱,自愿资助砖石,高拱则下令禁止,要求地方官就地取材。此事在民间有一种传说:地方官为减小财政压力,打着高拱的旗号,四处张贴告示,大量收购石头。告示报的价格很高,各地运送石头者络绎不绝。到地方过秤时,一车石头不过二三斤,一个石磙、磨盘只有半斤八两,但好不容易费力运来了,也不好再费劲运回去,只好贱卖,于是传下一句歇后语:高阁老的秤——没星。

就是这样一位正直的官员,却受到张居正、冯保等人的打击和不断迫害。高拱赋闲在家,"志不尽舒,才不尽酬",他没有消沉,而是将精力转向研究学问、著书立说,著《问辩录》十卷、《春秋正旨》一卷、《本语》六卷、《兵略》四卷、《纶扉外稿》四卷、《掌铨题稿》三十四卷、《南宫奏牍》四卷、《政府书答》四卷、《纶扉集》一卷、《程士集》四卷、《外制集》二卷、《直解》十卷、《献忱集》四卷。明神宗万历六年(1578),高拱终于走完坎坷的一生,七月初二卒于新郑家中,享年66岁。死后葬新郑县城北的冯新庄村,后人将冯新庄村改名阁老坟村,以示对高拱的纪念。高拱墓位于新郑市新华路街道阁老坟村北,北依郑韩故城,南临梳妆台。建有石牌坊、大门楼、二门楼、神道、左右厢房、祠殿和石狮、石马、石羊、石人等石刻仪仗等。墓冢上圆下方,周围有五棵柏树,取"五龙捧寿"之意。现仅存墓冢,2008年公布为河南省文物保护单位。

终得昭雪,昭示后人

高拱孤傲、偏激,他被罢官与其性格、处事之道有很大关系。高拱为内阁首辅时,妻侄张孟男也在京城任职,和高拱还是上下级关系,高拱兼吏部尚书,执掌百官任用、升降,权力极大,许多人巴结都来不及。张孟男为人低调,从不对高拱阿谀奉承、拍马逢迎,每次见高拱相只谈公事,不及私情。《神宗实录》卷四百二十一记载:万历三十四年五月三十,"太子少保、南京户部尚书张孟男卒。孟男,河南开封府中牟人,嘉靖乙丑进士,授广平府推官,入为顺天府治中,改仪部员外。历迁卿寺,晋刑部右侍郎,户部左侍郎,已晋南京工部尚书,改南户部尚书。乞休久之,复起为南户部尚书。孟男为人孤峻,在尚宝时,新郑高拱柄国,拱妻,孟男姑也,自公事外无私语,自岁时谒拱妻,外无私觐。拱憾之,四岁不迁。及拱以遣去,亲知皆引匿,孟男独周旋不避人,以为长者"。对亲侄子的态度不满,就四年不予升迁,对别人肯定也不会和善,嫉恨他的大有人在。张孟男却不计较,依然勤恳办事,正直做人。高拱被遣回故里,平时巴结他的拍马之徒唯恐受到牵连,远远躲开,只有张孟男不计个人利害,到他家为他整理行装,并到郊外设宴饯行。高拱这才钦佩张孟男的高洁人格,他对张孟男说,自己虽为三朝元老,在孟男面前自愧不如,感到汗颜。当然,张孟男因此未受高拱牵连,也算因祸得福吧。

高拱的正妻张氏、张孟男的姑姑,中牟县三官庙乡土墙村人,为人慈善但有胆有识,其故里有俗语云:"新郑有个高阁老,中牟有个母阁老。"高拱死后,张氏愤愤不平,万历六年十二月二十,"原任大学士高拱妻张氏上疏陈乞恤典,上曰:高拱负先帝委托,藐朕冲年,罪在不宥。但以先帝潜邸讲读,朕推念旧恩,姑准复原职,给与祭葬"(《神宗实录》卷八十二)。张氏上疏请求朝廷发放丧葬费,意在替高拱讨回公道,神宗皇帝却耿耿于怀、不忘旧怨,张居正因为对手死了,没了竞争危险,反倒出来做好人了。《万历起居录》载:神宗说高拱不忠,欺侮朕躬,他死了,他妻还来乞恩,不准。张居正说:"看得高拱,赋性愚戆,举动周章,事每任情,果于自用,虽不敢蹈欺主之大恶,然实未有事君之小心,以此误犯天威,死有余戮。但伊昔侍先帝于潜邸,九年有余,犬马微劳,似足以少赎罪戾之万。皇上永言孝思,簪履之遗,犹蒙收录,况系先帝旧臣,必垂轸念。且当其生前,既已宽斧钺之诛,今值殁后,岂复念宿昔之恶?其妻冒昧陈乞,实亦知皇仁天复,圣度海涵,故敢以匹夫不获之微情,仰干鸿造也。"意思是:高拱没有人臣之礼,死有余辜,陛下怎么处理都没问题。看在高拱侍奉先帝十几年的情分上,丧葬费还是要给点儿的,不然大家会认为您小肚鸡肠。神宗觉得有理,不仅给了丧葬费,还大方地为高拱"官复原职"。高拱对前任首辅徐阶恩

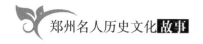

将仇报,张居正为首辅后专权乱政,钳制言官,蔽塞圣聪,到万历十二年八月,他说高拱的诬陷言语也报应到自身,不仅死有余辜,还差点儿被开棺鞭尸。帮张居正说情的,是无情地否定其政令功绩的下一任首辅申时行,理由和张居正给高拱说情的话相仿:虽然张居正自绝于皇上您,但他娘已经80来岁了,如果虐待老人家,怕别人在背后戳脊梁骨啊。

这次没有得到平反昭雪,张氏继续努力,拜托浒川人、御史范守已两次上书要求为高拱平反。直到万历三十年,经过廷议,高拱的冤情终于得到昭雪。《神宗实录》卷三百七十记载:万历三十年三月初五,"礼部覆大学士、高拱嗣男高务观乞赠谥,谥并母张氏祭葬议。……其人实有忧国家之心,兼负济天下之具。……形不顾毁誉身家,而独任仓皇,去国寂寞。盖棺论者:谓其意广而气高间,不符于中道;要之性刚而机浅,总不失为人臣。宜加易名之典,以劝任事之臣。其妻张氏,宜与祭一坛合葬。诏:高拱虽屡被论黜,但在阁之日,担当受降,至今使北虏称臣,功不可泯,特允所请"。万历三十五年六月二十五,又为高拱"加封少师,赠太师,谥文襄"。万历三十五年闰六月十八,"赠特进光禄大夫……给诰命"。夫人张氏由此成为诰命夫人。但此时张氏已于万历十六年(1588)三月初四病故十余载。高务观等再奏:"高拱妻诰封一品夫人张氏病故,题请奉旨。"神宗皇帝下诏:"准照例与祭一坛,开矿合葬,命工部给银五十两,派河南布政司堂上官致祭。"

张氏无子,高务观是高拱的侄子,后来过继给高拱为子,荫封尚宝司司丞,后擢升尚宝司少卿、大学士。高务观的哥哥高务实,官至鸿胪寺主簿、武英殿中书,为人不端,被革职查办时还抗拒刑官、污蔑县令。按《明熹宗悊皇帝实录》记载,高务实及其儿子高欐(尚宝司司丞)合伙谋夺高务观生母孙氏的财产,致使孙氏当天死亡,高务实父子被发配。

　　万历三十年四月初六,神宗皇帝颁圣旨(新郑市博物馆收藏),
盛赞颂高拱的政绩功德。

　　　　　　(作者单位:中共中牟县委党史和地方史志研究室)

刑部尚书刘之凤

王翊嘉

刘之凤,字雍鸣(《明史》)、雠明(明、清《中牟县志》),号岐阳,中牟县城北明山庙村人,生于明隆庆五年九月廿六(1571年10月24日),卒于崇祯十四年十一月二十八(1641年12月30日)。

刘之凤出身官宦世家,高祖刘恭曾任安丘县丞,曾祖刘汉曾任长垣县司训,祖父刘士通曾任清丰县教谕,父亲刘约情曾任御史。

刘之凤秉赋聪颖,自幼好学,手不释卷,为文藻思皆异。万历二十五年(1597)秀才(恩贡),万历二十八年庚子科举人,万历四十四年丙辰科第三甲第二十九名进士。出任淮安府司理,执法严明,官吏百姓都很佩服。万历四十六年任湖广同考官(乡试副主考)。

天启三年(1623)擢升南京淮西道监察御史,先后上疏为边关守将孙承宗、王象乾、闫鸣泰等人辩冤。当时,魏忠贤选练武装宦官上万人,在内宫飞扬跋扈,威震朝野。刘之凤又上疏参劾魏忠贤,要求他停止内耗,遭到朝廷斥责,还被宦党驱逐出朝廷。天启六年,令刘之凤巡视江防,期满回京,又被宦官借故夺职。

明思宗崇祯二年(1629),宦官魏忠贤处死,朝廷鉴于刘之凤忠直可嘉,为其复职,任南京江西道御史,继而擢升尚宝司丞(掌管朝廷印玺)。他多次上疏论政,得到皇帝嘉许。崇祯六年擢升太仆、光禄二寺少卿(掌管朝廷銮舆、牧政)。此期,李自成起义军转战河南,刘之凤担心故乡中牟县城墙为土城,易攻难守,容易遭受兵灾,便致信中牟知县俞士鸿,提议改中牟土城为砖城,并率先捐款资助。崇祯八年,中牟砖城竣工,刘之凤还亲自撰写《修浚城池记》记述其事。他还在京城请求增加中牟科举名额,减削朝廷作为贡赋征收的梢草(这里应指当时比较出名的中牟麻黄),故乡百姓对其感恩戴德,代代相传。

崇祯八年(1637),刘之凤改任应天府尹,又转任通政使(掌管旨意下达、奏章上呈)。崇祯十年,擢升刑部左右侍郎,翌年晋升刑部尚书。

刘之凤生性率直敢谏,奏疏多被采纳,但也有不少遭驳斥。晚年,他的奏疏切中时弊的更多,遭到的斥责也更多。崇祯十三年,他数次上疏请求告老回乡,均未获准。当时,尚书范景文弹劾南京给事中荆可栋贪墨,崇祯帝批交刑部刘之凤审办。他依理从轻发落,朝廷怀疑他贪赃受贿,加之宰相周延儒因为刘之凤以前的疏谏受到过牵连,因此对刘之凤怀恨在心,便伺机报复。加上魏忠贤余党从中作梗,进献谗言,刘之凤因此蒙冤下狱。执法机关秉承崇祯皇帝的旨意,竟然定刘之凤绞刑。三月,给事中李清、葛枢先后上疏,认为这样不合刑律,为刘之凤申辩冤情,均遭贬谪,从此再也无人敢进言。四月,刘之凤在狱中上疏自白,也无结果。崇祯十四年十一月二十八,刘之凤满腔忧愤,枉死狱中,见者闻者无不哀其冤枉。不久崇祯悔悟,严惩宰相周延儒。

刘之凤交友甚广,天启三年(1623)赴任淮西道监察使时,同时期著名书画家、诗人王铎为之作《送中牟刘歧阳陟南京兆》:"温飙起绿薄,岁时忽感余;赖君相追琢,雅雅五年余。脂车歌行迈,抗旆建业墟;大器何所儗,瑚琏庶几如。京兆扬风纪,骨鲠旧升虚;昔日牾权璫,今复蒺藜锄。江人识前聪,喉舌在斯须;海寓方春事,雄抱觇鸿摅。"河南巡抚孙传庭为之作《刘歧阳大司寇归牟山怀二亭》,

诗曰:"借隐风高旧鹿车,循陔新筑意何如;每看南极星光回,长忆西山日影余。较雨墒晴维倚仗,评花课竹总遗书。元臣早晚缴恩放,漫指浮云怀卜居。"

刘之凤终生为人忠直,在官场德高望重。约天启十三年,王铎又为之作《刘小子像》诗,盛赞刘之凤的功绩:"之子磊落士,抗志表修能;翩翩眉宇间,矫若云中鸿。斯人当不死,开帙见仪容;凉秋八九月,幅巾临中庭。欲语复为默,炯然生英风……一别缅十年,幽缄自关中;不图当今夕,复得见玉庸。"清代、民国《中牟县志》收载的《重修牟山庙碑记》称:"县治北三里许牟山之侧有庙焉,是庙也,即名牟山庙也,今俗呼为明山庙,旧碑残缺,无从稽考……有明刘大司寇公,刚方正直,有狄梁公(指狄仁杰)风,亦于是庙……"他对人热情,有求必应,绝无官气。他虽位高权重,生活却异常俭朴,穿着更忌奢华,一件衣服一穿再穿、一洗再洗,直至破旧发白。对于贫寒之家,总是慷慨好施,故乡百姓代代传其美德。

刘之凤之死,起于崇祯皇帝生性猜忌且残暴,喜用重刑。崇祯在位的 17 年间,先后有 17 任刑部尚书,多人蒙冤入狱,有的惨遭杀害,有的遭到贬谪,有的受到驱逐,借故借病辞官,得到善终的极少,刘之凤只是蒙冤被害的刑部尚书之一。刘之凤死后,遗体被运回故乡中牟,葬于明山庙村西的牟山。

(作者单位:招商银行郑州高新区支行)

耿介小传

吕宏军

耿介（1621—1693），登封城西南街人，出身于书香门第。父亲耿续皋也是读书人，到福建当官没几年便辞官回家。他乐善好施，遇有县内救急，便把大部分家产捐献出来。从此家业萧条，仅有遮雨的几间房子。但他怡然自乐，把精力都用在教育孩子身上。母亲傅氏出身大户人家，聪慧贤淑，于清淡之中教育孩子读书识字。

耿介从小聪颖文静，孝顺父母，热心助人，常聚集邻里的孩子在一起学习，默念古人"囊萤""映雪""挂角""刺股"的故事。他看到邻里的孩子们读不起书，便主动地把自己学到的知识都教给他们。读《文选》中一篇《北山移文》时，读到孔稚珪假托神仙之意讽刺违背前约、热衷利禄之事时，说"惟介所以拔俗吾终身矣"，觉得"介"也是自己做人的准则，便把名字改为"耿介"。他参加了县里的童生考试。"耿介"的名字便居于榜首。顺治八年（1651），他到省里应试，中了举人。次年，再到京城会试，中进士。后被授为翰林院庶吉士。三年期满，被授为检讨，参与编纂《明史》和《大清会典》的工作。又先后被派到福建巡海道、江西湖东道、直隶大名兵备道当了按察司副使，后又任河南按察使。每到一处都察访民情，整治贪污受贿的地方官员，改革杂乱税捐，减轻民众负担，并修理校舍，动员广大贫穷子女入学，受到群众爱戴。顺治十四年，皇帝下诏表扬了他，并封其父耿续皋为中宪大夫，母傅氏为太恭人。

康熙三年(1664),耿介母亲逝世。他回乡安葬。母亲一生勤劳朴实的品格和乡亲们贫苦愚昧的生活,使他完全摒绝了做官的念头,决心以倡明理学为己任,救治愚昧和贫困,留在嵩阳书院办学。他先到苏门山共城(今辉县)投师孙奇峰,虚心求教。学满后,回书院办学。

当时,嘉兴人叶封任登封知县,他也热心办学,两人便商量办学以及修复书院事宜。计划刚刚拟定,叶封却奉命上迁。后来的知县万姓苏不支持此事,耿介便说服家人,带头捐献自家的财产和200亩田地,将卖田地收入作为修建书院的经费。经费不够,他又请人开荒130亩也捐给了书院。一边修复嵩阳书院,一边请教师、招收学生开课。经过十几年的修复,书院不仅有了大门、二门、讲堂、丽泽堂、观善堂、藏书楼、先圣殿、道统祠、诸贤祠、三贤祠、敬义斋、博约斋、三益斋、四勿斋、辅仁居、泮池和周围院墙,而且连附近的叠石溪和七星泉上也建有观澜亭、仁智亭、天光云影亭等多处亭台,构成了书院幽美而安静的学习环境。

耿介在嵩阳书院兴学的消息传开,天南海北送子入学的人越来越多,学生达到500多人。来嵩阳书院任课的也都是当时的社会名流,如柘城的窦克勤、中牟的冉觐祖、上蔡的张沐、襄城的李来章、登封知县张勋等。耿介也亲自讲课。他要求学生成为学识渊博、道德高尚的人,提出《为学六则》:"一、立志;二、存养;三、穷理;四、力行;五、虚心;六、有恒。"他拟订"辅仁会约",希望互相考究印证,融会贯通;强调做人的首要条件是摒弃私欲,做有道德修养的人。在他的影响下,知县也来听课,并抽批学生的作业。学生的进步很大,曾培养出景冬旸、梁家惠、傅而保、张翰等高足弟子,一时引起全国轰动。

耿介进京教皇太子40多天,康熙帝不分白天黑夜,随时召见提问,耿介和衣而卧,随时准备应答。虽对答如流,但受尽拘谨,又

看到皇宫内钩心斗角的景象,总觉得不如教更多的平民子弟好,便在上朝时一头栽倒在朝堂上,后托病返里,重回嵩阳书院办学了。

耿介一生著述有《孝经易知录》《理学要旨》《中州道学编》《河南通志》《嵩阳书院志》《敬恕堂存稿》《家规家课》《耿氏家乘》等,还写了大量诗赋、文章。

康熙三十二年(1694)秋天,73 岁的耿介与世长辞。50 年后乾隆帝到嵩阳书院,还写诗赞云:"书院嵩阳景最清,石幢犹记故宫名。虚夸妙药求方士,何似菁莪育俊英。"

(摘自吕宏军主编的《登封市志》,中州古籍出版社 2008 年版,有改动;作者单位:中共登封市委党史和地方史志研究室)

寝馈万卷冉觐祖

王曜卿

冉觐祖,字永光,号蟫庵,明崇祯十年闰四月十二日(1637年6月4日)出生于中牟县万胜镇(今大孟镇万胜村),清康熙五十七年十一月二十八日(1719年1月18日)卒于故里,葬县北将台坡。

冉氏祖籍山东曹县,系孔子弟子冉伯牛后裔。其先祖于元末任中牟县丞,遂定居中牟。高祖冉鼎为明成化年间举人,曾祖冉崇礼为嘉靖十一年(1532)第三甲第190名进士,祖父冉梦松为隆庆五年(1571)第三甲第246名进士,父亲冉佐通过乡试第一场明经考试成为贡生。

在此书香门第成长起来的冉觐祖生性稳重,少有成人之风,17岁入庠,成为秀才,19岁补廪,27岁得中乡试第一名举人,时人尊称其"河南解元"。其后几经波折,于康熙三十年(1691)55岁时的会试中得中第三甲第十九名进士,授翰林院庶吉士。明清两朝中牟县共有16名进士,冉氏四代占了三席。经多年孜孜不倦的努力,冉觐祖成为清初著名的教育家、理学家。其门生吕元亮编的《太史公年谱》(简称《年谱》)对其生平事迹有详细记载。

声名盖世

冉觐祖生前身后都有显赫的名声,时人将他与同期的几位河

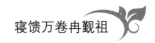

南名儒分别合称"中州三先生""中州八先生"。

"中州三先生"均为教育界知名人物。河南学使张润民在康熙三十年十月为李来章《南阳书院学规》写的序中说:"闻李君沉潜笃诣,理学名儒。与耿逸庵、冉永光称中州三先生。"广东省连山县众乡绅于康熙四十五年冬集体创作的《治连实政录弁言》称:"侯(指李来章)为中州大司农恭靖公之文孙,与耿公逸庵、冉公永光讲学嵩阳,人称中州三先生。"(见李来章《连阳八排风土记·附录》)

"中州八先生"是正式封号。陈弘谋(号榕门,谥号文恭)任河南巡抚期间命名"中州八先生",并于乾隆十七年(1752)在许州李来章祠堂之外为另外七人建祠堂,即"增祀七子祠",在聚星书院立八先生碑,曾任许州知州的董榕撰《聚星书院增祀八先生碑记》。八先生以年庚依次为孙奇逢,号钟元,以所居村名别称夏峰,辉县人;耿介,号逸庵,登封人;汤斌,号潜庵,睢阳人;张沐,号起庵,上蔡人;冉觐祖;张伯行,号勉斋、敬庵,仪封(今属兰考)人;窦克勤,号静庵,柘城人;李来章,号礼山,襄城人。

李元度同治年间编纂的《国朝先正事略·李礼山先生事略》:"陈文恭抚豫时,尝以先生及夏峰、潜庵、逸庵、静庵、起庵,合以张敬庵、冉蟬庵为中州八先生,增祀许州七子祠,并祀乡贤。"袁保恒(袁世凯的叔叔)于光绪元年(1875)所作《跋窦柘城登嵩岳诗后》:"陈文恭公抚豫时,曾以先生(指窦静庵)与夏峰、潜庵、逸庵、上蔡张起庵、仪封张敬庵、襄城李礼山、中牟冉蟬庵为中州八先生。"(见《文诚公文稿拾遗》)河南学使邵松年于光绪十九年所作《中州名贤集》序说:"自夏峰先生以胜代名贤讲学苏门,其间若睢阳、若仪封、若登封、若上蔡、若襄城、柘城、中牟,六七十年名儒迭起,中州理学称极盛。"说明八先生均为理学家。唐鉴的《国朝学案小识·襄城李先生》则确定八人为中州理学八先生:"陈大中丞榕门以先生与孙夏峰、汤潜庵、张敬庵、耿逸庵、冉蟬庵、窦静庵、张起庵为中

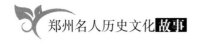

州理学八先生。"

如此高誉一是源自个人努力，二是得到上司尤其是皇帝重视，三是来自朋友的追捧与抬爱。

冉觐祖于康熙二年得乡试解元，不仅因为文章写得好，也得益于考官赏识，其师杨半千说"不识此文可不中，如识此文，场中无二，可必其元榜"。阅卷官毛际可对他的考卷"往复欣赏，谓先辈之宗风未坠，亟呈之主司王西樵先生，以乡榜第一人相位置"。毛际可后来也对他的著作屡加赞赏："如日月在云雾晦蒙中，悠尔开霁，光辉照耀。"康熙三十年授庶吉士，入翰林院，上司看了觐祖的书启，"旋问启何人作？对曰冉某。熊公曰：我固知是学问人，于是时见推重"。以至于后来准许他值班时到岗，其余时间可以在家著书立说，使其著述事业顺利进展。

殿试中，十人一组自报家门，觐祖"甫陈毕即被选"，因为圣祖康熙皇帝听说过他的名号，"故选之易"。康熙三十三年皇上在畅春园考试选拔翰林院职官，随即授以翰林院检讨。另一次在乾清宫暖阁考试，康熙帝夸奖他"气度老成"，赐宴瀛台，之后还多次召见冉觐祖。辞官还乡期间，数次召他回朝复职。康熙五十四年朝廷编纂《五经》，李光地上奏冉觐祖所著《五经详说》，希望觐祖携书进呈。翌年，康熙皇帝亲谕"中州冉某有《五经详说》，可取来采用。……上谕纂修官奉朕命住取"。随后召集人抄写一套让冉觐祖自己保存。

考取解元后的 20 多年，觐祖科举之路蹉跎，并非荒废了学业，而是潜心理学，致力著述。在翰林院期间，始终以著述为第一要务，才有了丰厚的传世著作。中州八先生中的耿介、张伯行、李来章、汤斌以及在京期间的同僚好友，对其著作推崇备至，给予高度评价并大力推介，使觐祖声名更盛、影响更大。在京期间，"都门士子群谒，言……张子《正蒙》不能读，求先生为注以传"。并"众约醵金授梓……仕者亦多助赀",使《正蒙补训》顺利成书,"读者称快"。家乡的杨半千、孟镜等一众老师、学友,得知冉觐祖囊中羞涩,著作难以付梓,纷纷解囊、结社筹资,使《四书玩注详说》得以流传。

到书院任教,耿介、张伯行不仅聘其为主讲、委以重任,还尽力提供良好条件,为之大力宣传造势,开创学者闻风踵至的局面……这些提携与帮助,不仅因为他学识渊博,还因为他处事中庸,为人谦逊、和善、真诚,固守"小处不立异,大处不苟同。不立异,和于俗以免害;不苟同,严其守以植品"的信条。康熙三年,一个朋友被诬告谋反,身陷囹圄,积怨成疾,官府要求有功名身家的人做担保才能放出,冉觐祖冒着被牵连的风险挺身而出,为之担保,从而"以此义声闻于士林"。

张伯行为其作《冉蟫庵先生传》,清国史馆原编《清史列传》、赵尔巽的《清史稿》、徐世昌的《清儒学案》、唐鉴的《国朝学案小识》、黄嗣东的《圣清渊源录》、钱仪吉的《碑传集》、李桓的《国朝耆献类征初编》、李元度的《国朝先正事略》等十多部著作为他立传。

噬书如蟫

冉觐祖自号蟫庵,蟫即蠹鱼,以啃食书本或衣服中的糨糊为生。自号之意就是让自己像蠹鱼一样终日啃书、研读。张伯行的《冉蟫庵先生传》说:"君生平无他嗜好,深思远绍,探源理窟,旁及词章、典故,皆有纂辑。寝馈万卷中,自号蟫庵,洵不诬也。"(见苏源生辑录、道光二十五年刻印本《国朝中州文征》)

冉觐祖6岁时,李自成义军攻击中牟县北,冉觐祖随父到黄河北阳武县避难,父亲教授他的诗词都能记住,随即开始教他读书。两年后迁居中牟淳泽里朱家庄,冉佐因眼疾闭门不出,觐祖就诵读

经书给父亲解闷。

自入学受业,觐祖展现出神童潜质,中牟名师杨半千被他的奇才震惊,大为器重,精心培育,使其闻见日广。顺治十一年(1654),18岁的冉觐祖卫辉百泉参加乡试,见书商贩卖诸多的珍奇书籍,就倾囊而出,购买《四书五经大全》及各大名家的文集,而不再专心应试,回家后废寝忘食、埋头研读,立志著书立说。

顺治十六年,他在万胜求学期间,长垣县一书商到此出售《二十一史》,但要价很高,觐祖志在必得,委婉地与哥哥商议,最终以30两银子将书购回,随后沉酣于史册,昼夜手不释卷,还把重要内容贴在墙上,反复品读,强迫自己牢牢记住,由此顾不得科举考试之事,对哥哥的督促也不予顾及。

来自荥泽汜水一带的雷先生到万胜南寺讲学,高谈阔论,冉觐祖就到南寺听雷先生讲课,结下深厚的师生友谊。来自山东汶上的袁先生在县城开馆设教,觐祖专程到县城与之倾谈五日,深得其中奥妙,学识不断增长,文章日趋精湛。

康熙二年春与同学结社,名"七篇大会",冉觐祖的文章清雅脱俗,保持本色,揣摩益纯,亭然独秀,尤为众人信服。这年秋季乡试之后,冉觐祖展示出自己的文章,众人皆佩服。其老师杨半千为此作了一副对联:"七篇文字平如水,一个解元稳似山。"还说只要考官赏识此文,必定稳得全场第一名。等到发榜时,果然应验了杨半千的预言,冉觐祖高中解元,众人更加叹服。面对冉觐祖的试卷,主考官王西樵赞叹:"年少之文何遽精到若此!"之后刻印朱卷时,"反复三作,竟不能易一字"。

诲人不倦

高中解元后的数年,冉觐祖将主要精力用于读书著书,不恤功名,屡次科考而不中。但其盛名在外,不少书院想挖掘人才,请他教学,以提高书院声誉。在京城,有人倡导成立"名士会",因为邀请不到冉觐祖而深感遗憾。汤斌说:"冉君不入名士会,此真名士矣。"

康熙二十七年,登封名儒景东旸邀请冉觐祖到嵩山游玩,他欣然应诺。翌年秋,觐祖如约来到嵩山,迎接他的却是登封著名学者、嵩阳书院创始人耿介,原来邀请冉觐祖是耿介的主意,他才是真正的主人。二人旧有书信往来,神交已久,耿介特邀觐祖参观嵩阳书院,陪同畅游嵩山,并邀请冉觐祖主讲嵩阳书院,传道授业。觐祖以生性疏懒、不受拘束、不胜其任为由婉拒。耿介说:"圣贤之学原以承先启后,非徒自逸也。方今先知先觉者谁耶?而先生得不为开群蒙计也。"感于耿介的真诚,冉觐祖最终答应加盟,并于十月来到嵩阳书院授课。冉觐祖讲授《孟子·口之于味》一章,"剖析天人,分别理欲,众皆悚听"。觐祖还制成《天理主敬图》一幅,《为学大指》十八则,耿介为之刻印发给学生,从而引起轰动,后进之徒闻风而至,书院不能容。《天理主敬图》仅143字,《为学大指》每则150字左右,因生动形象、凝练精准,这两个课件(一幅挂图一个提纲)成为觐祖教学生涯标志性成果,后世记述冉觐祖事迹者无不提及。觐祖还将二者与在嵩山所作诗合刻为《嵩吟》用以馈赠。其间还选择教学稿十余篇刻印《学文测》(后人误为《寄愿堂文测》)一册。

因"随出《天理主敬图》《为学大指》二册,颁示学者,耿公梓而行之"的记载,后人以为这是两本大部头著作,从而引起误解。后人刻印《正谊堂续集》时,《冉蟫庵传》中误刻成《为学大旨》,再后的《碑传集》《国朝耆献类征初编》等沿袭了这一错误。

冉觐祖在嵩阳书院任教一年,为进京应试,翌年末返乡后北上,康熙三十年中进士,以汉书庶吉士任职翰林院,并兼顾著述事

业。一晃六年,至康熙三十六年十月以父母迁葬之由返乡,康熙三十七年二月重返嵩阳书院。此时耿介已逝,书院败落,学生仅存数人。觐祖不负耿介往日之托,决计振兴书院,择其才俊者在寓所开馆,并刻印《嵩阳论学》教材一册,求学者知先生复至,来者不乏。可惜,凭他一人之力终难振兴学院,无奈,于康熙三十八年初前往仪封,赴张伯行之约,到请见书院任教,其间还刻印《经史原委》一册,以省学者抄写之劳。冉觐祖主教请见书院后,同样呈现出学者日众的场面。随后,登封县令张圣诰派博学的乡绅数人造访,力请冉觐祖返回登封,不得已,觐祖只得东西兼顾,使登封、仪封两地学风日盛,直至康熙四十年正月入京复职。

著作等身

无论在朝为官任内,还是在书院任教期间,冉觐祖始终不忘著述,笔耕不辍,留下众多不朽著作。中牟县曾做过统计,冉觐祖佚存著作37种,其中现存1117万多字、佚失约200万字。此统计种数过于夸大,又有漏记著作,因此字数相差不大。笔者所见也不完全,粗略统计,现存冉觐祖著作超过2.4万叶(两个半页对折为1叶),叠放厚度在20米以上,"著作等身"已不足以彰显其成果。

前述《嵩阳论学》《经史原委》《学文测》实为教材,称著作稍嫌勉强。《天理主敬图》《为学大指》合计2800多字,又如《河图洛书异同考》正文仅621字(后附引用他人著述1614字),包括《年谱》所记《孔子生日考》等,都是小篇文章。《中牟县志》为众手纂辑,《卦爻遗稿演》是替父亲冉佐续完遗著;《钦定四库全书总目》介绍《经说》"是编或录其序,或偶论一二条,似乎偶抄成册";《年谱》所述类似读书笔记、参考文稿及抄录摘录古人诗文,如"批阅《韩文韩集》""取名家所选诗,融通而汇辑之,博采于文苑英华,分类诸评成《古诗一卷　唐诗一卷》",既无定稿更未刊刻,诸如此类,都不适合算作他的著作。

可以确定为冉觐祖佚亡著作的,约有诗集《嵩吟》《阳明疑案》两部。《诗传异同》已融入《诗经详说》等书,可不作为佚书。

现存冉觐祖著作有 10 种:

《诗经详说》94 卷,163.6 万字;《书经详说》76 卷,133.2 万字;《礼记详说》178 卷,304 万字;《易经详说》50 卷,132.6 万字;《春秋详说》56 卷,100 万字。

他 51 岁开始编纂《书经详说》,78 岁完成《诗经详说》,历时 27 年,春秋、易经、书经在古稀之年又作续补、重订。此五经原是单独成书、单独刻印,年逾 80 后合成《五经详说》454 卷并点定全文。《五经详说》有寄愿堂、大梁书局两种刻本传世。复旦大学图书馆藏《五经详说七种》,新乡市图书馆藏《五经详说附二种》,实为《五经详说》附以《孝经详说》和《性理纂要》。

《四书玩注详说》40 卷,包括上论 10 卷、下论 10 卷,大学 2 卷,中庸 4 卷,上孟 6 卷、下孟 8 卷。

笔者所见《四书玩注详说·孟子》14 卷 146.3 万字。中牟统计为 274 万多字的《四书玩注详说》寄愿堂初刻本,康熙二十四年付梓、二十六年完成刻印,"发稿对稿一出先生手"。从冉觐祖与当世名家刘宗泗、胡煦等的信件可知,初刻后冉觐祖还一直与各方名人探讨,不断进行订补(包括对五经的订补),到康熙三十年冉觐祖向毛际可求序时,至少补充了 20 万字。后有不止一种补充完善后的刻印本,加入了康熙二十七、二十八年张英、耿介所作的序言。

《孝经详说》6卷7.2万字,有光绪七年大梁书局刻印本。

《性理纂要》8卷26.6万字,有康熙三十二年刻印本。

《正蒙补训》4卷16.4万字,有康熙四十一年许天禄刻印本。

《汉前将军壮穆侯关公考》18卷,未及借阅原著,图书信息未知。

此外,有诸多单篇文章且有后人整理的作品集传世,其中最重要的两个是:《冉蟫庵先生语录类编》5卷,其门生吕元亮辑录,河南巡抚陈弘谋为其鉴定,有乾隆十七年刻本和光绪七年大梁书局刻本;《寄愿堂文集》10卷,系曾任翰林院编修的中牟名仕仓景愉于光绪九年主讲大梁书院时辑录,未刻印,有钞本传世。

睢阳洛学书院兼汴梁明道书院主讲黄舒昺辑录《国朝中州名贤集》,光绪十九年洛学书院刻印,明道书院光绪二十一年改版重刻,有冉觐祖文钞、诗钞、语录1册近2万字。苏源生编辑、道光二十三年刻印的《国朝中州文征》收其文章9篇0.9万字。相比之下冉觐祖的诗艺不算高,远远赶不上其著述成就,"自谓所为诗不合风气,皆不示人",仅"在嵩之作即景而发",刻印《嵩吟》一册。宝丰诗人杨淮道光年间辑录《中州诗钞》32卷,收录冉觐祖诗19首,据其内容,或源于《嵩吟》。

他还有志于史志,除著述作品时认真研究相关史学,还于康熙二十九年受河南巡抚阎兴邦之托参与重修《中州通志》,为主要执笔人,分类编纂,博搜远引,期于完美,可惜因进京参加会试、阎巡抚调离而未完成。两度参加《中牟县志》编纂,任顺治十六年版

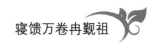

《中牟县志》参考(参加编辑),从事资料考证工作;任康熙十五年版《中牟县志》采辑(征集资料),完成该志主编工作。他曾使用太史氏别号,有"太史氏"白文印一枚,见于他为耿介《中州道学编》所作的序言,他的年谱也被命名为《太史公年谱》。

(作者单位:中共郑州市委党史和地方史志研究室)

四库编修仓圣脉

宫银峰　汪　鹏

仓圣脉,生卒年月不详,号敞庵,中牟县仓寨村人。清代学者,善书画,尤工诗,著有《揽云楼集》。

清时期的仓寨在中牟及开封的地位相当显赫,从康熙年间至光绪年间,该村先后有十多位解元、进士和翰林,出任县、州、府、省教谕或省级最高官阶。清同治九年《中牟县志》载:"黄帝史官系仓颉之裔,世居县东 20 里现龙岗,今呼之仓家寨。"仓圣脉父母虽不太显赫,但为人忠厚,勤劳治业,深得乡里称赞。仓圣脉生性沉静,不喜喧闹,少年时聪颖好学,入乡塾读书,十分用功。对先生布置的作业总是认真完成,闲暇之时常居家阅读先贤典籍,大凡经史子集、诗词、歌赋样样都喜欢阅读,由于知识面比较宽泛,学绩总是很优异。

清乾隆三十年(1765),仓圣脉参加乡试,乙丑科入选拔贡,之后在家自学,准备科举考试。中国科举制度是中国历史上考试选拔官员的一种基本制度。他渊源于汉朝,创始于隋朝,确立于唐朝,完备于宋朝,兴盛于明、清两朝,废除于清朝末年,历经隋、唐、宋、元、明、清。根据史书记载,从隋朝大业元年(605)的进士科算起到光绪三十一年(1905)正式废除,绵延存在了整整 1300 年。

进士科考试是明、清科举的主要形式,过程有:院试、乡试、会试和殿试。不过,在此之前,读书人必须通过由本县知县主持的县

试和由知府主持的府试,以取得童生的身份,取得了童生身份才有资格参加正式的科举考试,这可以看作科举前的预备性考试。在清朝,县试多在二月举行,而府试则在八月。

院试作为科举考试的最初一级,在府城或直属省的州治举行,主持考试的长官称学政、学台或宗师,清沿明制,一年举行岁试,后一年举行科试,再后一年举行乡试,三年一循环。岁试的基本任务是:第一,从童生中考选出秀才;第二,对原有的秀才进行甄别考试,按照成绩优劣分别给予奖惩。童生通过岁试,就算是"进学"了,即成为国家的学生,称为生员,俗称秀才、相公。岁试成绩优良的生员,方可参加科试。科试通过了,才准许参加更高一级的乡试,叫作"录科"。明清时期,通常在乡试之年的七月,还要在省城集中举行一次科试的补考,凡因故未能在各府参加科试的人,可乘机来补考,叫作"录遗"。

乡试在京城及各省的省城举行,三年考试一次,一般在子、卯、午、酉年举行,考期多在秋季八月,所以又称"秋闱"(闱指考场)。其正、副考官一般由皇帝任命在京的翰林及进士出身的部院官充任。乡试发榜在九月,正值桂花开放,所以又称"桂榜"。乡试取中的称举人,第一名叫解元。乡试中举称乙榜,也叫乙科。考中举人,不仅可以参加全国性考试,就是会试未能取中,也具备了做官的资格。在清朝,除了按正常制举行的乡试外,每逢遇到皇帝万寿(生日)、登基等庆典时,还额外有加科乡试,叫作恩科。

会试和殿试是最高一级的考试,其中会试是带有决定性的考试,而殿试只定名次,不存在被黜落的问题。会试由礼部主办,在京城的贡院举行,一般在乡试的第二年,也就是丑、辰、未、戌年。考期多在春季的二三月,故此会试又称"礼闱""春闱"。会试被录取的人,称为贡士,第一名叫作会元。会试发榜时,往往正值杏花盛放,所以又称为"杏榜"。会试的主考官,多以翰林官充当,也有

以内阁大学士担任,清朝称主考官为大总裁,由内阁大学士或六部尚书充任。

仓圣脉乙丑科入选后,经过三年的准备,于乾隆三十三年(1768)戊子科中举,中间又隔三年之后,乾隆三十六年又考中辛卯科恩科进士,入为翰林院庶吉士,授翰林院编修。由于仓圣脉学识渊博,深得皇上欣赏。当时正赶上开四库馆征天下遗书,于是仓圣脉被举荐充任武英殿总校官。

乾隆皇帝在位60年,做了不少大事,但是能让他青史留名的,其中之一是在文化事业方面完成的一项宏伟事业:主持编纂了中国有史以来规模最为宏伟的文献总集《四库全书》,对于保存和整理我国的文化遗产起到了巨大的作用。乾隆对《四库全书》的编纂质量极为重视,常在繁忙的政务中抽出时间,抽查《四库全书》编纂情况,有效地保证了书籍的质量。

乾隆尽管政务繁忙,仍不时审阅《四库全书》馆送来的缮写本,多次发现其中错字。为了使校缮人员能严肃敬畏缮写、校对等工作,乾隆为《四库全书》馆的总裁大臣们专门制定了一部《功过处分条例》,对誊录、校对人员的功过赏罚做了明文规定。尽管处分条例规定甚严,但谬误仍然不少,为此而被记过和罚俸的甚多,其中就包括总纂官纪昀、陆锡熊、孙士毅,都曾被记过数次,纂修周永年于一年之中被记过50次,邵晋涵被记过51次。而从事校对的总校官们被记过次数最多,仓圣脉1686次,朱钤2734次,王燕绪达3705次。可见乾隆对《四库全书》质量的督察之严。为了尽量减少差错,乾隆三十八年,还特意诏订考成条例,以为惩奖。错写一次即记过,分校复校错二次,总裁名下错三次者,罚俸三月、半年,处分相当严厉。但以每日抄写《全书》四十余万字,《荟要》二十余万字。分校初仅数十人,陆续添设,亦不过二百人,错抄误写之处仍然很多。乾隆四十三年上谕:"联博搜载籍,特命诸臣纂辑

《四库全书》……宽于限期，以期校成善本，嘉惠艺林……惟是进呈各书，联信手抽阅，即有讹舛，其未经指出者，尚不知凡几？既有校对专员，复有总校总裁，重重复勘，一书经数人手眼，不为不详，何竟漫不经意，必待联之遍览乎？若联不加检阅，将听其讹误乎？……若如此任意疏忽，屡训不改，长此安穷？……嗣后务宜痛加猛省，悉心校勘！"如此严厉之诘责，而此后六年间，在馆诸臣，被记过罚俸者数不胜数。

乾隆四十四年（1779）五月，朝廷下令在限期内完成编书任务者给予议叙。王燕绪授翰林院编修，仓圣脉、何思钧晋级，朱钤赏给庶吉士，杨懋珩、缪琪以知县即用。依此来看，当时纂修人员的升迁比一般科甲人员要快。所以吏部提出要对应升人员进行考试，以鉴别能力高低。对此，乾隆也承认对纂修人员过优，不免有些弊端，他同意吏部的意见，以后升迁人员够五十人时，统一组织考试。但乾隆特意告诫吏部，将来考试时要放宽标准，不必照正式考试那样，过严苛求，"以示格外体恤之意"。

在四库馆工作，虽然晋升较快，经济收入也很可观，但毕竟任务重，事情繁，尤其校对非常费时费力，琐碎繁杂劳累，还容易出错。仓圣脉在其间不辞辛劳，殚心校勘，竭尽全力尽量减少错误，后来竟达到使书中涉及计量者不差分厘。至全书竣工，前后十多年间兢兢业业，不辞劳苦，对《四库全书》所做贡献突出，受到乾隆帝的特别褒扬，让其再次担任热河文津阁详校侍从。由于仓圣脉性格恬静，不喜迁徙，加之年事已高，于是请求放归乡里，于乾隆五十六年（1791）上书以疾病辞，告老还乡。兄长仓圣裔也于此时以两淮转运使卸任，兄弟聚首家乡，安享天伦之乐。

仓圣脉为人忠厚诚恳，光明磊落，虽居高官，从不倨傲，对同事真诚友爱，对属下仁慈宽厚。兄弟家族亲情之间，多能关爱眷顾。仲兄圣潢早逝，留有遗孤子，仓圣脉待之如亲生儿，养以成人并教

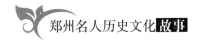

育至功名有成。仓氏家族虽为权贵,但从不假借势力欺压乡民,凡邻里有急,必热心顾问,匍匐救之。若遇灾荒之年,有遭灾者,发谷米以赈助。仓圣脉由于学识渊博,每每热心扶助乡邻后进,鼓励资助,使其成名,深得乡民的赞颂,其德行和功业得到后人敬仰和纪念。

(摘编自宫银峰、汪鹏主编的《郑州古代名人》,河南人民出版社2008年版,有改动;作者单位:郑州市社科联、郑州师范学院)

左手老人仓兆彬

王曜卿

仓氏印鉴

2010 年 1 月,首都图书馆展出一套《困学纪闻》,当代书画家徐鼎一题识曰:"《困学纪闻》为雍正间桐华书塾刻本。第一册目录首页钤有'仓兆麟印'和'中牟仓兆彬图书'白文方印。考仓氏兄弟当为嘉、道中人,兆麟,字定生,中牟人,著有《食旧堂集》。兆彬字均斋,号莅坪,一号蔼平,著有《式好堂集》。徐氏《晚晴簃诗汇》均录兄弟二人之诗。兆麟诗《丙午九月自东里抵任城与莅坪弟夜话》:'又向西风听雁声,茱萸插后赋东征。生原如寄须行乐,家已无田罢耦耕。伏枥久忘京国梦,对床老慰弟兄情。不须分占东西屋,今夜团栾月倍明。'兆彬诗《旅居即事集放翁句成诗》:'故旧书来访死生,痴云残日半阴晴。老夫睡足犹慵起,卧听儿童吓雀声。'兆彬有《仓氏行箧书目》钞本,张鉴祥得之历下。予得此部《困学纪闻》,皆钤有兄弟二人之藏印,兄弟既翕之情,可想见矣。"

仓寨村出过祖、孙两翰林:《四库全书》仓圣脉,湖南按察使、云南布政使仓景愉,仓兆麟、仓兆彬则名气较低。从徐鼎一的题识可以看出,这兄弟二人也算得上清代后期名人,两人都留有诗集。经多方查证,仓兆麟、仓兆彬是亲兄弟,因兆彬过继给叔父而以堂兄弟论。仓兆麟是满腹经纶的乡绅,仓兆彬则以书法著称。

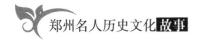

仓寨世家

据清代著名学者张澍编纂的《姓韵》(道光年间成书),仓寨村仓氏家族最早成名的是明代的仓一鲤。《姓韵》介绍了清大臣钱陈群(曾任翰林院编修、右通政使)为处州太守仓圣潢写的《处州太守仓君墓志铭》:"君名圣潢,字倬甫,河南中牟人。高祖讳一鲤,明光禄寺典簿。曾祖讳牧民,廪善生。祖讳沃,太学生。父讳士琅,增贡生,以子圣裔贵赠通奉大夫。子思谦。"由此可知,仓圣潢(乾隆三十一年任处州知府)的高祖仓一鲤,明末任光禄寺典簿(掌管宫廷司膳)。自仓一鲤到清末光绪年间任山东知府的仓尔颖(仓景恪之子),太常博士、大理寺评事、九江府知府仓尔桢(仓景愉之子),十代人中出过十几位朝廷大员,至第五代仓圣裔(号恕亭,两淮盐运使)、仓圣潢、仓圣脉弟兄时达到的顶峰。仓氏家族在诗书画方面也出过不少人才,仓兆彬是在书法艺术方面造诣最高的。

左手老人

仓兆彬,字莅坪、均斋,号霭平、悔谷散人、悔谷草衣,晚号左手老人。仓圣潢之孙,太常博士仓思震之子(过继给叔父仓思谦)。生于乾隆五十年(1785),幼时天资聪颖,十多岁能作七八千字的文章。母亲为他捐官候补知县,他决意不赴任,以侍奉老人为乐。他一生育有六男三女,成人者仅女儿幼宜(嫁济宁州雍氏,夫名载庆)和儿子景恪(字宝意,号小坪)、景愉(道光元年为避皇上讳改名景愉,字静则,号少平)三人。景愉幼聪慧,9岁能作文并习练书法,仓兆彬告诫他:"笔姿可学,然不必急,习帖括命,专心读书。"景恪、景愉均以科举出仕,仓兆彬又谆谆告诫:"你们不要趾高气扬,要以德立世。"他卒于道光二十八年（1848）十月十四日,由其子仓景愉（时任湖南按察使）从湖南扶柩运回故里,翌年七月在仓寨村安葬。同治五年（1866）十二月二十七日,80 岁的妻子去世,翌年闰七月夫妻合葬。

仓兆彬少年时因骑马摔伤,右臂致残,遂以左手执笔苦练书法,并有所成。清人李放的《皇清书史　卷十八》载:"仓兆彬,号茝坪,中牟人,候选知县。善书法,少时坠马,伤右臂,因以左手书,晚称左手老人。有《式好堂石刻》（家传）。"现代各类书画名人词典,如乔晓军著、三秦出版社 2007 年版《中国美术家人名辞典　补遗一编》,张根全著、西泠印社 2009 年版《中国美术家人名辞典增补本》,王宝贵主编、河南美术出版社 2001 年版《二十世纪开封书法作品选集》等均有他的小传。赵心田主编、河南美术出版社 2009年版《河南书法五千年——图文本河南书法文化编年史》记载较详,除上述内容外还有"精研书法,名重一时,师承颜真卿,擅行草书……卒后其子仓景愉将其所存书法刻于大理石上,凡四册,名《式好堂法帖》。河南博物院藏有其作品"等记述。一说他是幼时因病致残,朱天吉主编、中国社会出版社 2001 年版《世界残疾名人大辞典》记载:"他出生于世代书香家庭,自幼受家庭环境影响,性爱读书,十分聪慧,由于幼时得病,右臂发育不良而致残。所以不求应试科举,家居读书自娱,并用左手学习书法,取得很高造诣。尤其擅长颜体字,因此成为河南地方著名书法家,求写碑匾者络绎不绝。他还著有诗集《东里行吟》。其子仓景恪、仓景愉在他的教育下,也都以文章著名一时。"他所交往的也大都是书画界的名人雅士,其叔伯辈的亲戚张伯行、张师载、张景沅都是当时的名士;其子仓景愉娶河南卢氏县莫瞻菉曾孙女、莫梦龄（字仲锡,号商山,官至知府）孙女莫氏,莫元龙、莫瞻菉、莫梦龄号称"三代兰竹",是当时画兰竹的名家;其孙仓尔颍（仓景恪之子）娶河南祥符县郑启抢

孙女、郑孝元之女,郑氏父子也是当时较有名气的诗人兼书法家。

诗书传家

其传世作品不多,所见作品都有"仓兆彬左手"之类的字样。以临习颜真卿的《争座位帖》最有名。颜真卿的《争座位帖》与《祭侄文稿》《祭伯文稿》合称"颜书三稿",与王羲之《兰亭序》并称"行书双璧"。仓兆彬临摹的"故曰满而不溢,所以长守富也;高而不危,所以长守贵也。可不儆惧乎! 书曰:尔唯弗矜,天下莫与汝争功;尔唯不伐,天下莫与汝争能。以齐桓公之盛业,片言勤王,则九合诸侯,一匡天下;葵丘之会,微有振矜,而叛者九国。故曰行百里者半九十里,言晚节末路之难也"。这四条屏是仓兆彬送给长辈收藏的作品,其中追求的不是形似而是神似,不注重对书法线条的单纯锤炼,而重视内在的气韵和整体表现力,信笔疾书,苍劲古雅,姿态飞动,虎虎气风,刚烈之气,力透纸背。

仓兆彬在诗文创作方面也有较高的艺术成就,郑州大学中文系资料室 1984 年编印《元明清中州艺文简目》、中州古籍出版社 2002 年版《中州文献总录》等记载:"仓兆彬,字莅坪。资性聪颖,笃孝友,绝仕进。……喜书法。晚年与兄兆麟吟诗唱和,写怀友爱。著有《东里行吟》,有刊本,《中州艺文录》卷五著录。"除上述内容外,李敏修辑、中州古籍出版社 1995 年版《中州艺文录校补》还有"资性颖悟,能以一二时熟七八千言。笃孝友,绝仕进。……书法一宗鲁公,得之者珍如拱璧"的记述。

兄弟唱和

民国大总统徐世昌辑录的《晚晴簃诗汇》(亦名《清诗汇》),收录其《旅居即事集放翁句成诗》一首。《铿韵——中国残疾人诗词选集》(邢思斌编著,中国社会出版社 2009 年版)称其"因右臂畸形,不能应科举,在家苦练书法,以左手作书,成为著名书法家,自号'左手老人'。……这首诗凑集南宋爱国诗人陆游(号放翁)的诗句而成,有如浑然天成,不留痕迹。……残疾人因某部分功能丧失,便改为用其他部分功能代替。这种例子很多。仓兆彬以左手代替右手,苦练书法,著成《东里行吟》诗集,在残疾人诗史上也足称罕事,堪为残疾人楷模"。

其兄仓兆麟,字定生,著有《食旧堂集》诗集。仓兆麟有乡野硕德,许多名流文士一进他家,便觉太和之气流溢扑面,问他以什么办法使家庭弟兄如此和睦,他瞿然答曰:"我生平无过人之处,唯教子一法,聊以自慰!"因其教育有方,其子侄辈仓景长曾任东河州判,仓景愉曾任湖南按察使、云南布政使;其孙子辈仓尔颖于光绪二年(1876)获河南全省乡试第三十二名,后擢任山东知府,仓尔桢曾任九江府知府,仓尔爽光绪年间曾任山东省茌平、馆陶、郯城等县知县;其曾孙辈仓永龄民国时曾任江苏省财政厅长、东三省盐运使。仓兆彬晚年与仓兆麟以诗歌唱和,友爱甚笃。《晚晴簃诗汇》收录仓兆麟《丙午九月自东里抵任城与莅坪弟夜话》一首,"不须分占东西屋,今夜团栾月倍明",兄弟友善之情跃然纸上。

(作者单位:中共郑州市委党史和地方史志研究室)

景日昣小传

吕宏军

景日昣(1661—1733),字冬阳,号嵩崖,原籍登封大冶,后迁居登封城内。因家贫曾经上不起学,但少有壮志,平日衣着虽然破旧但不失端庄整洁,老师很喜欢这样的学生,就免费让他就学。常常在孤灯下夜读至天明,学习成绩常常名列前茅,且文笔不凡。经复试为秀才,15 岁被选入嵩阳书院深造,从师耿介。康熙二十六年丁卯科举人第十四名,康熙二十七年戊辰科进士第 46 名,康熙三十年辛末科殿试三甲第 36 名。

景日昣考中进士后,初任广东肇庆府高要县知县(康熙三十六年至四十一年)。他微服私访,了解民情,不到三个月就迅速处理了大批积案,其中仅平反钱粮累赔案数千人,注销安业。水灾曾经是高要县群众的心头之患,洪水常溺死人畜,淹没庄田。景日昣到任后,在汛期到来时,顶风冒雨观察水情,指挥民众筑堤抗洪,疏渠排流,发谷赈灾,百姓得以安居乐业,非常感激景日昣,誉其为“良吏”。百姓在他曾经治水站立的地方建立了生祠(为活人建立的祠堂),年年岁岁进行祭祀,赠袍脱舄。他白天工作,夜间著书,著《崧台书》四部,46 万多字。

景日昣因政绩卓著,先被提升为侍御史,又升任豫、浙、陕、晋等道监察御史凡九任,历时 10 年之久。康熙五十年,父丧归里。康熙五十四年春丁忧期满,补为汾南道监察御史,敕封文林郎掌江

南道事,陕西道监察御史。同年冬,由汾南道监察御史提升鸿胪寺,康熙五十六年为中宪大夫,鸿胪寺少卿夫正四品,继任太仆寺少卿,宗人府府丞,督察院副督御史,资政大夫礼部右侍郎加尚书衔,赐进士出身。

景日昣不但是一位深受百姓爱戴的良吏,还是一位著作等身的学者、作家。雍正三年(1725),年近古稀的景日昣告老还乡,回到登封,在嵩山南麓的叠石溪置地建造别墅逍遥庄居住,闭门谢客,每日以著述为乐。其著述依次有《嵩崖制义》《嵩崖易义》《嵩崖诗集》《景氏家乘》《嵩阳理学》《嵩崖家训》《嵩崖诗文集》《嵩崖尊生》《河南省志》《嵩阳风雅》《嵩岳庙史》《登封县志》《崧台书》《嵩崖学凡》《说嵩》《会善寺志》及其他诗文若干卷,字数达数千万言。

景日昣著述不轻信旧文献的记载和民间传说,而是注重实地调查。对于与嵩山有关的事物,无论是稗官野史,还是埋没于山崖深谷的字迹脱落或与史书记载有出入的残碑断碣,他都要加以考证。即使在年老后,老眼昏花看不清楚了,他每天还坚持笔耕到夜晚二更以后,其治学态度之严谨可见一斑。就这样,景日昣积30余年之功,终于在康熙50五年编纂完成了洋洋五十万言的长篇巨著《说嵩》,这是景日昣的地理历史代表作,堪称一部古代嵩山的百科全书,被收入清《四库全书总目》,现今著录《四库全书存目丛书》和《嵩岳文献丛刊》。

景日昣还是一位在医学上颇有建树的良医。年少时景日昣为母治病就开始留心医生开的药方,收集大量的医学书籍进行研究,他渐渐对医学有了兴趣,医术日渐高明。景日昣大量收集民间验方、偏方,结合自己的精心研究和临床验证,编写了一部享誉世界的医药名著《嵩崖尊生》,尤其对妇科疾病有独到见解之处,后来此书还漂洋过海,传入日本,在国际医药界享有盛誉。

景日昣卒于公元 1733 年,终年 73 岁,葬于登封唐庄陈村西南其父坟下,翰林院检讨冉觐祖撰墓志铭。

(摘自吕宏军主编的《登封市志》,中州古籍出版社 2008 年版,有改动;
作者单位:中共登封市委党史和地方史志研究室)

两任郑州知州张钺

邢薇薇

许多人对知州张钺的了解，始于清乾隆十三年（1748）《郑州志》。为编修该志，张钺亲自"勾稽案牍，咨询绅耆，凡郊垧乡墅，古碣残碑，皆罗而致之。抄撮厘订，越数月而志遂以成"，并"捐俸付梓"。①

张钺，字有虔，号毅亭，直隶保定府清苑县人，雍正甲辰（1723）科的举人，庚戌（1730）科进士②。1738—1741 年、1743—1747 年两任郑州知州，任内的主要事迹有以下四项。

一、修筑黄河河堤、重修南门以东至北门城垣

1739 年张钺新筑黄河月堤戗堤，1740 年重修先农坛、城隍庙，1744 年捐资修整南门瓮城、修整金龙庙、关帝庙、疏浚二郎庙渠。乾隆年间，张钺两次修葺城墙，城墙得以恢复完好。这两次修葺城墙的时间距上次大规模重修已经 93 年，期间虽有修葺，但不足以挽救破损的城垣，到乾隆年间，城垣自南门向东至北门城垣破败所剩无几。张钺莅任之初便巡视城垣，谋划修城事宜。先请各宪司

---

① （清）张钺修、毛如铣纂《乾隆郑州志》，中州古籍出版社，2002，第 17 页。
② 民国《郑州志》卷七《秩官制》，民国二十年（1931）刻本，第 5 页。

谋划督工,然后筹公款、招夫役,备工料,数月便修缮完工。时隔五年,南城楼和西城楼被雨水冲塌,于是"鸠工庀材",着手修葺,木材腐朽断裂的重新更换,砖瓦破损的地方重新修整,墙面重新粉饰,西南城楼焕然一新。除此之外,南门外护城河上有座熊儿桥,时常因水患冲圮,于是张钺利用州北赵镇废弃石闸上的遗石进行修葺,并且加长石桥,加固石桥南岸的地基,增加桥洞以减缓水的冲击,自此花费数百金,熊儿桥得以修缮加固。张钺在任期间,先后修复城墙、南城楼、南门外熊儿桥和西城楼等。

张钺在郑州任职期间,先后三次组织修复城墙。1738 年,感叹郑城"垛址鱗蚀,睥睨半颖,自南迤东,以北为尤甚",筹集款项,招募匠夫对城墙进行整体修缮,使其水患无虞,又可抵御暴客①。1744 年,南门楼日渐倾颓,重新修整。1745 年,郑州夕阳楼岁久失修,栋木腐败,西城楼风雨飘摇,几乎倾颓,张钺决意对其整修,更换腐朽之材,修整残破的砖瓦,粉饰斑驳破旧之处,使其焕然一新。

二、修整文庙、城隍庙,修补增建公署,捐资重修贡院等

乾隆三年(1738 年),张钺撰写《文庙重修记》,碑刻立于郑州文庙碑廊,对文庙学宫作为儒学教育场所的重视。《郑州志》记载:"贡院共六十四间。雍正二年……本州及荥泽、荥阳、河阴和汜水五地生童,捐赀公建……雍正十三年州改归府,生童仍留棚考试。又于乾隆七年奉府宪朱绣详并禹州、密县、新郑三处合棚考试,共八州县。乾隆四年,淫雨水发,倒塌几尽,知州张钺捐率一概重修"②。

"中天书院,正堂七楹,拜厦五楹,内塑先师像,殿宇历久,半皆

---

① 张文静:《清代河南城池修建研究》,硕士学位论文,陕西师范大学,2021。
② (清)张钺修、毛如铣纂《乾隆郑州志》,中州古籍出版社,2002,第25页。

倾圮。乾隆十年春月,知州张钺重修。"①

"城隍灵佑侯庙,在州治东……乾隆五年知州张钺重修。三官庙,一在州志西,一在东门外,久圮……知州张钺拨给香火地十七亩。"②

"崇圣祠,在关帝庙后,乾隆七年知州张钺修建。"③

三、豁免滩粮、疏浚梁家河

张钺任郑州知州期间,针对黄河、潮河进行治理。体恤民情,感念郑民因水患困于滩地,豁免赋税。在任信阳知州期间,召集信阳州民重建紫霞观以及奎楼,祈福庇佑信阳文脉兴盛。

1744 年,张钺疏通河道治理郑州潮河淤沙。潮河在郑州东南三十里,因积沙严重,河道决口时有发生,使得南曹稻田以及圃田集、阴家庄、燕家庄等十余村受灾严重,附近旱田淤沙遍布,宽长七八里,风沙遮天蔽日,人民深受其苦。张钺带领治理潮河后惠泽周边百姓居民。

1739 年,知州张钺修熊儿桥,熊儿桥在南城阜民门外往来商贩必经之途。1740 年,郑州周边两山,梅峰和泰山突发洪水,河水暴涨,桥被冲垮,张钺感慨人民通行不便,于是,1746 年"首捐清俸以倡,盖郡之乐善急公者,亦咸踊跃从事",修复熊儿桥,方便居民出行。工程方面,在旧桥的基础上扩大,于桥南堍连接河岸的地方,改用砖石,以抵御水的冲刷,中间资费数百金,历经半年时间,熊儿桥竣工,自此两岸交通畅行无阻。

---

① (清)张钺修、毛如铣纂《乾隆郑州志》,中州古籍出版社,2002,第 37 页。
② 乾隆《郑州志》卷三《建置志》,清乾隆十三年(1748)刻本,第 12 页。
③ (清)张钺修、毛如铣纂《乾隆郑州志》,中州古籍出版社,2002,第 37 页。

四、文化方面,注重地方志编写,诗词造诣突出

张钺在文化方面的贡献也是比较突出的,在任期间,先后组织编撰了《郑州志》和《信阳志》,张钺手书七言绝句,歌咏郑州八景:古塔晴云、凤台荷香、圃田春草、梅峰远眺、汴河新柳、龙岗雪霁、海寺晨钟、卦台仙境。描写"凤台荷香"的诗句:"台荒不见凤来翔,路转回塘得小凉;十里熏风三尺水,红云擎出翠云乡。"描写"梅峰远眺"的诗句:"悬崖如削磴千盘,极目苍茫意未阑;忽讶城庐来下界,几忘身在翠微端。"描写"古塔晴云"诗句:"远近群瞻卓笔形,无心出岫忽升腾;鸽王离怖梵天近,五色蒸霞绕上层。"张钺对郑州的美景如数家珍,通过诗歌形式表现了郑州自然景色之美以及个人感情抱负。

在张钺的带领下,郑州社会呈现安定的局面,"萑苻不惊,狱讼以息","士安于业,民安于耕,商贾安于市"。张钺为人性格"才大心细",既是进士出身,又对山水书画颇有研究,文学功底深厚;既曾四次担任乡试同考官,施政有序,又勤政为民,夙夜踌躇,对百姓生活关切有加①。

张钺能力卓著,其一生基本在河南任职,前期任新乡县知县,随任郑州知州、怀庆府知府,后期改任直隶州光州知州,郑州和信阳知州,业绩突出,被后人所敬仰。

(作者单位:郑州商代都城遗址博物院)

---

① 徐维波、韦峰:《宣教与游赏:清乾隆郑州八景功能解析》,《中国园林》,2018年第8期。

翰林学士赵东阶

何中茶

赵东阶,字跻堂,号金犊,今上街区方顶村人。咸丰三年
(1853),赵东阶出生于一个读书人家,父亲赵璧,字尺修,号西崖,
道光辛卯科举人,任商水县教谕。赵东阶出生在父亲任上,幼时受
到父亲熏染管教,启蒙于父亲案头床角。东阶七岁时父亲过世,临
终留下遗言:日后须令就学,勿断此一线书香。父亲去世后,东阶
随母亲回到老家汜水县,汜水县贡生候选训导时惺、时恂视其聪
慧,减免塾资收其入塾。

母亲对东阶严加管教,他也牢记父亲的遗嘱,读书特别刻苦,
无论严寒酷暑,从不懒惰懈怠。赵东阶先后受教于进士赵珠轩、大
梁书院主讲仓少坪、河南巡抚倪豹岑、河南提调刘谨诚、开封府知
府孙云锦等诸多名师,20 岁考录县学弟子员,此后学习更加勤奋,
不久就中了秀才。他曾作《浮躁箴》以自警,箴曰:"学问之功,沉
静为要。不然终身误于浮躁。浮则不沉,如水之扬。言浮则放,行
浮则狂。躁则不静,如火之燎。言躁则轻,行躁则佻。放狂轻佻,
无一是处。君子不重,学何以固。"

光绪十四年(1888),35 岁的赵东阶在河南戊子科乡试中中
举,名列第九。光绪二十四年的戊戌科会试中,东阶考中二甲第四
十一名进士。在随后的殿试中,慈禧太后和光绪皇帝对他进行目
测审视,问了一大堆八股内外的问题。突然,慈禧问赵东阶:"你们

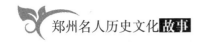

那里的百姓如何?"由于紧张,加之对慈禧的满族方言听得不太真切,赵东阶把"百姓"听成了"白杏",随口答道:"我们那里只有黄杏没有白杏。"慈禧知道赵东阶听错了,嫣然一笑,又问道:"你们那里税赋如何?"赵东阶知道上一句回答错了,被慈禧哂笑后更加紧张,就不敢随便回答了,只说:"臣不太清楚。"等赵东阶退出后,慈禧对光绪说:"真是个傻进士。"

殿试后,赵东阶进入翰林院,是年五月授翰林院庶吉士。光绪二十九年四月,授翰林院散馆编修。在方顶村赵东阶宅院临街大门的门头上,曾悬挂过一块黑漆烫金的"太史第"匾额,是赵东阶亲手书写,他为自己这个时期追奉太史公司马迁、躬身编修国史而引以为荣,遂亲笔写下"太史第"三个斗大的金字以为炫耀,也展示了他钟爱编修国史事业的襟怀。

光绪二十六年(1900,庚子),八国联军攻陷北京,慈禧、光绪仓皇西逃,大小官员都返乡或暂时隐避。同僚劝赵东阶暂离京城,以观时局,赵东阶说:"史官当与史馆同在。"他在烧杀抢掠中留京坚守翰林院,继续编纂国史,直到慈禧和光绪等回到北京,同僚对他大加赞赏。

光绪二十九年在河南贡院(地址在今河南大学校址)举行癸卯恩科乡试和会试,赵东阶被任为顺天府癸卯恩科乡试同考官。光绪三十年正月,赵东阶晋升国史馆协修,四月入进士馆肄业;光绪三十二年九月充国史馆纂修,十二月进士馆毕业,考列优等,奉旨赏加侍讲学士(翰林学士,正四品)。光绪三十三年五月奉学部奏派东洋考察政治,十月回京供职。宣统元年(1909)京察一等奉旨准其京察一等加一级,四月奉旨召见。

宣统三年辛亥革命后,清朝灭亡,赵东阶弃官回乡。1912年曾任河南政法学院院长,1913年受聘登封嵩阳书院主讲,1914年归隐五云山北麓核桃冲(今属老寨河行政村),后与前清法部左丞魏联奎(魏岗村人)等结九老社,以诗赋文章唱和,并以书法见称乡里。其书作遒劲有力、质朴雄浑,求字者门庭若市,往来不断。他虽以书法见长,但绝不以文字沽价,对求字者不计贫富显贵,不计有无酬礼,有求必应,得其字者视若珍宝。

1928 年,75 岁高龄的赵东阶出任《重修汜水县志》总修,并为该志作序。他热爱修志事业,在该志序言中称:"夫县志之修,凡我邑人皆有责焉。"他更看重在社会变革时期修志的作用:"居今日而论志乘,更难言矣! 今何时代? 若按实则无一事可纪,何以成志。余当前清之季,曾居史馆纂修国史,其时目之所见、耳之所闻,已大不如昔时。记载失实,多付阙如,迄于今日,奇变百出,其所见所闻,更甚于前,又安能一一登诸志乘? 虽然自辛亥清亡后,革命之局已成,帝国于此终、民国于此始,当此大鼎革之际,一邑之志虽微,实系乎新旧绝续之观,治乱兴亡之鉴,不有以纪之,后之人即欲考其实,又乌从而求之。"他从事国史编修多年,积累了丰厚的经验,在修志方法上也有独到见解,对当时修志方面存在的不当"革新"也表示忧虑:"今论者皆曰革新,吾不知所谓革新者若何? 存旧而已。旧志可仍者仍之,可补者补之,凡以纪其可纪,其不可纪者概置不录。鸣呼,中学亡矣,中国之志乘,今后尚堪言哉!"

赵东阶少年在方顶生活时期,家里仅有几亩薄田,生活难以为继。母亲日日耕作,夜夜纺织,吃糠秕咽野菜也要供东阶读书。赵东阶中年时在自家窑洞门头上写下"天瑒纯嘏"四字,表达了他对荣华富贵的企盼。老年的赵东阶回归恬淡,曾为自己在核桃冲所居的窑洞取名"素庐",并撰文记录其怡然自乐的心情:"……是庐也,面山背岭,左谷右涧,车马不通,人迹罕到,颇饶幽趣。有土室四五穴,足蔽风雨,有薄田五十亩,足供饘粥。惟一妾一佣媪偕焉。近居此三四年矣,庐之中之物,几榻亦素也,琴书亦素也;可以坐卧,可以弦诵。庐中之景,花木亦素也;可以往来,可以谈笑。若夫

山林泉石,如夙相盟,风月烟霞,如旧相识,可以遨游,可以盘桓。凡环绕于吾庐者,无一而非素也。陶公曰:众鸟欣有托,我亦爱吾庐;既耕亦已种,时还读我书。今而后,耕于斯、读于斯,将守吾庐以终老焉,因自名曰素庐。"

赵东阶淡泊名利,洋洋65万言的《重修氾水县志》,记录了氾水县秦汉至民国的300多名职官,他身为总修,对自己曾供职翰林院未提只言片语。《重修氾水县志》完稿后,编纂人员合影载入史籍,赵东阶没有参加合影,还在序言中谦称:"惟余老病颓唐,无能为役,寸功毫无,抚衷自问,良用歉然。"在他自撰的墓志铭中,低调做人之德更显露无遗:"自顾碌碌一事无成,内无益于身,外无裨于世,徒虚生百,则予之死又奚足悲哉……昔陶渊明自作挽辞又自志其墓,渊明高节予何敢攀,窃仿其意作志……吾欲述吾生平而一善毫无,死则已矣,又遑问身后之毁誉乎。"

晚年的赵东阶沉溺醉乡、睡乡,无得无失,不怨不尤,被称为"二乡老人",直至自撰墓志,长眠"二乡"。1931年离世,享年78岁。

(作者单位:巩义市地方史志办公室)

苌家拳创始人苌乃周

李豫州

苌乃周(1724—1783?),字洛臣,号纯诚,苌家拳开山祖师,汜水县苌村(荥阳市王村镇)人,在兄弟四人中排行老三,人们以其宅院尊其名讳称苌三宅。

汜水县传统武术源远流长,明代虎牢关张八,人称"神手",擅长攻防技击,他的枪法激烈而多变,其艺传五代而至禹门,又数传至禹让,人称"禹家枪"。苌乃周自幼喜好练武。幼年时上私塾,私塾门前有树,他天天出入必用手抓树,渐渐地树皮差不多掉光了。他把自己关在房间,家人以为他在读书,在窗纸上穿洞观察,只见他在如虎上蹿下跳,蹿房越脊。成年后,曾学习禹让的枪、拳技艺,尽得其术,又得洛阳阎圣道指点字拳四十法的技击之道,后经四川梁道人传授,与南阳王守一等切磋,广征博采,聚精集萃,兼习多派,融会贯通,创造出气拳合一、攻防一体的内功拳——苌家拳,用于戡乱保邦,匡扶正义。

苌家拳是苌乃周创作实践的拳、棒、剑、枪、刀等套路的理论和技法的总称,并不是单指拳法。苌家拳外在表现形式有:头如蜻蜓点水,拳似山羊抵头,腰如鸡鸣卷尾,脚似紫燕穿林。苌乃周将中气运用于武术,他的中气学理论,包括层次理论、中气理论、技击理论等,被武林奉为经典。苌家拳的核心理论是"中气论",其中炼气之术,纵横开阖之妙。

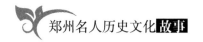

苌乃周文武兼修,一方面通过周游四方,广泛交流,提高自己的武技,一方面通过练功,丰富自己武术著作的理论素材。他桃李满门,名手辈出,弟子柴如桂的拳、高如庚的枪,名震江湖,纵横当时。

人有人品,武有武德。苌家拳非常注重这两个方面。苌乃周告诫后人在传授武艺时必须严格选择。想学苌家拳,需要亲戚熟人的介绍引见,还派人前去调查其身世、处世等情况,人品端正的,才会被吸纳。这样做主要是为了防止苌家拳弟子卖弄武艺,误入歧途,草菅人命。苌家拳没有阴招损招,所以有人说苌家拳是光明正大的武术流派。苌家拳不肯轻易展示其真实技艺,练功场所一般选择僻静之处,传承方式主要是师徒式,在客观上制约了其发展,致使其传播范围与少林、陈氏太极拳没有可比性。

苌乃周出名后,四海英杰联袂来访,他与人较量武艺,越来越奇异,没有能胜过他的。传说乾隆年间,日本武士得到清朝宫廷允许访中国武林名手比武,一路从无败绩,到荥阳,苌乃周与他交手,将其打倒于擂台之下,使他不得西行。像这样的苌乃周传奇故事一直被津津乐道。

张象翼《汜水先贤事略·苌乃周传》记载:一天苌乃周到南方某省,有某总兵的公子体力过人,精通拳艺,自号"无敌",设擂台以交天下杰士。苌乃周听说后便前往拜访,和他较量高下,公子失败。公子以必胜为约定。苌乃周不得已,一拳把他抢在台下。

李时灿《中州先哲传·苌乃周传》记载:有个采石工匠,是大力士,能用一只手臂勾住百钧(约三千斤,形容非常重)。工匠以拳击苌乃周的腹部,苌乃周腹部一缩,工匠的拳陷入苌乃周腹内不能出,大声哭喊。苌乃周腹部一鼓,工匠倒退一丈开外,胳臂遂被折断。

苌乃周曾到开封游玩,正好碰到巨盗王伦在开封作案,当地人谈到王伦而色变。一天下午,王伦把衣服放在巡抚门口的石柱下,留下字条"衣服取出,王伦离去",苌乃周听说后,连夜将王伦的衣服取出并悬挂在衙门口的高竿上,扬言"王伦三天不去,我就取他的首级",王伦听说后,立即逃之夭夭。

苌乃周在开封,众人怂恿他展示武功,就在城墙上标记一块墙砖,只见他策马而过,俯身从城墙抽砖而出。

苌乃周有一天去河阴县油坊寨亲戚秦成宗家,上楼需经过六级厚二三寸的石级台阶,秦家子弟闻听苌乃周武功高深,于是试探地问:"能踏断这块石板吗?"苌乃周笑而未答,走过之处,六级台阶断了五级,最上的一级,主人令留住。在荥阳高村乡油坊村的秦家大院内,现在仍可以看到五块断裂的石阶。

巩县有个习武之人李霸,武术出众,想和苌乃周比试技艺而不敢直接前往,就叫一个猎人前去暗中察看。猎人有力气,数次邀请苌乃周比武,苌乃周都笑着谢绝。猎人离开前,苌乃周告诉儿子说:"恐怕客人将有病,准备煎药服药吧。刚才我们两个出手,虽然没有碰着他的身体,但风邪可能已经侵入其骨。"不久,猎人果然周身骨痛,躺在床上呻吟叫苦,就熬药给他喝。当猎人问苌乃周怎么知道他有病而有所预备时,就讲述原因,猎人喝药出汗病愈。天还没有亮,猎人没有告辞就离开了,他回去告诉李霸,李霸终于不敢来挑战了。

山东某个精通武艺的人,偷走汜水县大印,在汜水县大堂留下地址,说只有苌乃周去取方才归还。知县请苌乃周前往,遇到一位老人坐在门口,老人让孙女用手夹一块火炭伺候自己吸烟,苌乃周就接过火炭放在大腿上,伺候老者吸烟,这个老人,就是偷走县印的人。

苌乃周武功盖世,当时河南巡抚荣柱、徐绩(字攀桂)先后邀请他到巡抚部院教授武功。荣柱称其为学兄,为其赠匾"名齐俊及"。

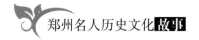

徐绩誉其"拳师武穆根源正,枪接桓侯衣钵真",在吊苌乃周诗中说:"盖世英雄今渺矣。"

苌家拳流传至今近三百年,练习者遍布世界各地,在全国武术挖掘整理过程中及全国传统武术比赛中多次获得大奖。

苌家拳是内功拳的代表,与少林、太极拳并称为河南三大名拳、中原武术三大拳种。苌家拳集易理、医理、拳理之大成,融气功、武术、养生于一体,博大精深,体用兼备,具有极高的技击养生价值,被称作"大中至正之学",为"国术之圭臬",对中国武术发展繁荣产生了重要影响。2008 年 6 月 14 日,苌家拳被国务院批准为第二批国家级非物质文化遗产。

(作者单位:荥阳市市场监督管理局)

芦花诗人钱九韶

王曜卿

钱九韶,又名九同,字太和,号南淳,密县(现新密市)超化镇河西村人。他生于雍正十年(1732)九月十三日,卒于嘉庆元年(1796)十月初三。

钱九韶自幼聪敏过人,过目成诵,青年时期已成为中州著名诗人。他擅写芦花诗,人送雅号"钱芦花",名闻京师,"海内之以诗名者莫不知中州之有钱芦花"。然而,"墙内开花墙外香",清嘉庆二十二年(1817)《密县志》中他的小传只有区区108字,民国十三年(1924)《密县志》中的篇幅更小,致使这一著名诗人在当地的影响比较小。

然而,《中州诗钞》中钱九韶传将近600字,《中州先哲传·文苑》(清代中州名人传记集,民国时期河南教育司司长、中州文献征辑处处长李时灿[字敏修]辑;民国初成书)中的钱九韶传有近千字,《国朝耆献类征初编》[清代人物传记集,清人李桓辑;同治六年(1867)开纂,光绪十六年(1890)成书]中的钱九韶传则长达1442字。现据各类史料的记载,将清初中州著名诗人钱九韶的事迹做简要介绍。

孝行义举钱九韶

钱九韶出身于书香门第。高祖钱中选、曾祖父钱尔昌(字昌

157

明)、祖父钱克振三代都是廪生,父亲钱愊(号东厓)是贡生,候选直隶州州判,著有《梅园诗集》。长兄钱南溪,隐居不仕。从兄钱九府,字相书,号南浦,举人,钦赐国子监学录;学识渊博,书画皆通,善于画竹,精于诗文,有《南浦诗集》。钱九韶排行老三,为家中幼子,生性至孝。九韶七八岁时,母亲黄氏夫人得了一场大病,九韶像成人一样侍奉母亲,白日不离母亲左右,夜间到古庙里祈求神灵,愿意代替母亲生病,被乡里誉为孝子。

钱九韶原配张氏,后续赵氏,再续张氏。生有一子二女,儿子名钱塘。

钱九韶晚年多病,萌生归隐思想,年近花甲时隐归故里,在月陂岩上筑别墅,名曰"倩园",栽花种竹,饮酒赋诗,过起了"采菊东篱下,悠然见南山"的田园生活。时任密县知县陆秋畦和后任知县杨和圃都知道钱九韶的诗学和名声,希望其才学传于桑梓,即聘他主讲桧阳书院,先后5年,成就显著。

九韶死后数日,旧友李元沪(字书源,号舒园,密县超化人,乾隆戊子年举人,历官靖州知州,有诗文集《楚南草》《昆海联吟》)为他写了一篇墓志铭,收录于《国朝耆献类征初编》。九韶葬于村东五里,其墓位于今新密市南12公里张凤凹村南500米。

中国古代崇尚侠行义举,钱九韶就被树为义行的典范。《清稗类钞·义侠类》记载了他的两件事。大意是:钱九韶为人不苟言笑,但却重情义、有担当,他的同胞姐姐嫁给商南人禹某为妻,客居异乡,小外甥留在商南读书。他姐姐家后来家道中落,外甥想辍学奉养父母。钱九韶苦苦相劝。没过几年,姐夫姐姐相继去世,外甥无力扶灵柩回归故里安葬双亲,钱九韶就节衣缩食省下了几十两银子,买了两口棺材,将姐姐姐夫送回故里安葬,并教育外甥继续读书。他的《哭姊诗》中写道:"我欲双棺归故土,可怜无计出潼关。"

钱九韶有个朋友叫孟云苍,家赤贫,九韶就介绍他到大梁以教书为生,偏逢瘟疫大作,孟云苍夫妇皆亡,剩下个 13 岁的女儿无家可归。于是,钱九韶收养了这个女儿,并给义女取名孟姑,使其不忘祖宗。因为他的续妻张氏患有癫痫病,不能照顾干女儿,他就纳陈留王氏为妾,将孟姑作为王氏女儿,悉心抚育、精心教诲,等孟姑长大成年后为其择佳婿而嫁。

诗才冠世钱九韶

钱九韶自幼聪慧,日读数千言,过目成诵,所览文章,悉通大意。弱冠之年参加密县童子试,获第一名的好成绩,被留在官署讲课教授学生,河南督学孙虚船视学中州,称钱九韶为"诸生之冠"。父亲钱慥于乾隆二十五年(1760)去世,九韶悲伤恸哭过度,以致生了喉病,差点儿死去。他以家中仅有的十亩薄田之力厚葬父亲,家道逐渐中落。此后,九韶每每白天时登丈石崖,坐金华泉水,雄饮长啸,赋诗高歌,黉夜才秉烛夜读、刻苦学习,因此每次考试都名列前茅,人们都不知其何时读书,更不知他满肚子的学问是怎么得来的。但是,九韶始终官运不通,历次参加乡试会试都无功而返,所以他终其一生只是个秀才,直到乾隆五十年(1785)已年介 50 之后,才被荐为恩科贡生。

中年时期,他旅居开封一带 20 余年,先后在中牟、祥符、开封等地设馆教徒,诲人不倦,他的弟子中优秀者考中了进士,不少人成为当时名流。其间,他在课余时间写下大量诗篇,诗赋名重一世,受到当时名流陈未斋、程鱼门(乾隆年间进士,官至吏部主事)等人的同声赞赏。清中期著名的剧作家陈栋对钱九韶分外推崇,并在他的《北泾草堂集》(今存清道光三年刻本)中,把钱九韶的名作佳句一一抄了下来。

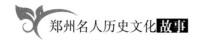

后来,钱九韶来到南阳宛南书院,当时著名的诗人皖江人丁镜山、桐城人张橿亭也在此任教,九韶时常拿出自己的诗作与他们交流,二人读了钱九韶的《芦花诗》后,都击节叹赏,同声交赞,以为《芦花诗》得之天成,不关人力,遂称钱九韶为"钱芦花"。于是,"钱芦花"名满天下,从中州到京师无不知其名者,后有名家咏之:"汀洲夹岸起兼葭,秋风吹雪漫天涯。诗家孰不争桃李,几人折节咏芦花?"

《芦花诗》共计十二首,其中流传最广的一首是:

> 江乡丛薄恋依依,底事天涯处处飞。
> 短草湾头随叶落,斜阳渡口趁帆归。
> 拟将桃梗无根蒂,认作杨花有是非。
> 浅水船中人不觉,醒来雪片满蓑衣。

此诗写的是初春时节诗人与朋友一起郊游的情景,表现了诗人热爱大自然的情怀。从短草写到落叶,从斜阳渡口写到归帆,"拟将桃梗无根蒂,认作杨花有是非",朦胧之中,人间的烦事置之身外,沉浸于美景之中,身心与自然交会融合,醒来时却发现像雪片一样的芦花沾满了蓑衣。读之热情向上,情趣昂然!

为认识《芦花诗》全貌,再录三首于后:

> 懒漫无情淡不妨,岂同柳絮肆颠狂。
> 侵来衣袂从添冷,点上头颅恐是霜。
> 接案平沙秋月阔,背城野水晚云荒。
> 飘零自分江湖老,且狎轻鸥泛夕阳。

漠漠轻扬白鹭洲，江天无此不成秋。

飞来似雪花难辨，化去为云影尚留。

乍卷惊飙迷古渡，偶随明月上虚舟。

相看美尔无牵挂，浩渺烟波自在游。

清笳未听已沾襟，况触飞花乱客心。

隐约平滩无近远，凄迷落日半晴阴。

吹残弱絮舟中笛，捣碎寒云岸上砧。

天地无情都不管，只凭风信卜升沉。

当时诗坛提倡"跻唐蹂宋"，继承唐诗的传统，效法杜甫和白居易，但不蹈袭前人，敢于面对现实，反映人民的苦难生活。钱九韶从古诗中吸取营养，摒弃脱离现实的浮靡文风，逐步形成了秀拔奇丽、朴质典雅的风格，具有现实主义的倾向。其诗《双柏行》写道："印月轩中风谡谡，扑落柏子满地绿。拾来艺种洧之阳，三年翠叶始纷郁。……从来树人如树木，根深叶茂无倾覆。不见临安大树枝，文锦千秋照天目。"

诗中以柏树自励励人，希望子孙像柏树一样根深蒂固，枝叶繁茂，无倾覆之患。他一生就是这样，积学不辍，等待机会，希望做一番事业。

钱九韶长期生活于社会底层，目睹统治阶级的穷奢极欲，贪官污吏的横征暴敛，劳动人民的悲惨遭遇，因而他的不少诗篇敢于揭露封建社会的黑暗，给统治阶级以无情鞭挞，对劳苦大众表现出无限关怀。如《清诗铎》(卷八)《力役》收录的《筑城谣》诗："城垣塌尽土没隍，盗贼夜上县君堂。县君闻之色仓皇，慨捐清俸筑城墙。三百青铜木尺五，三分雪花一板土。良吏分明特辛苦，恶役骚扰恶如虎。役衣裘，百姓愁；役食肉，百姓哭。筑城卫民民先死，盗贼仍

在公门里。"

诗中表明他对卫民筑城的看法,认为筑城困了民、肥了贼,三百铜钱可买一条筑城用的木杵,每筑一板土要耗费三分雪花银,这样筑城只能是"筑城卫民民先死",揭露了官吏的昏庸和贪婪,诗人表达了正义感。

徐世昌编的《晚晴簃诗汇》(中华书局1990年版),收其诗《龙潭道中》一首:"十里龙潭寺,崎岖路不平。依林听鸟啭,隔水看云生。岩屋门相对,山桥板自横。烟霞随杖履,疑在画中行。"

此外,《中州诗征》收其诗8首,《开封县志·艺文志》收其《汴梁怀古诗》2首,《郏县志》收其《苏坟》1首,这些诗都有较高的艺术成就。

著作等身钱九韶

钱九韶一生著作甚丰,据《中州文献总录》等记载,它的主要作品有:

(1)《南淳诗集》(《南淳诗稿》)二十四卷,有抄本、刊本两种。前有李元沪序:"南淳以诗名中州者殆三四十年,于今亦已穷且老矣,乃衷其生平所为诗二十四卷,属序于余。……南淳之兄南浦,与余同举于乡,其穷而善病也又同,故知南淳兄弟者宜莫如余。先是南浦遗集,余业已序之矣,兹其能以不文辞?南淳少承庭训,自为童子时,已号能诗,甫弱冠,即以诗赋擅场,受知于学,使孙虚船先生拔以冠其属,自是名日噪而数益奇。……南淳白皙,美须眉,长身鹤立,对之如挹西山朝爽,天才英敏,文不加点,日可得诗数十首,虽出之若不经意,而秀拔密丽,一归雅则。咸推承明著作之庭,应待斯人。而卒以坎坷于时,为穷者之诗,岂天之生物!用者不必才,才者固不必用耶?然南淳虽老,而著述不辍,富与身等。用此自娱而忘其遇。即其为诗,率自羁旅得之,而夷犹宕往,神韵有余,绝无憔悴怨怒之音,风人之旨可谓备矣,其又奚以用见耶?……然南淔虽阻于游历,而兴与物会,万景争奔,滔滔芊芊,清光无际,诗以年编,计不下数千首。"今传世版本有清代听濑山房钞本《南淔诗稿》,现藏于河南省图书馆。又有咸丰十一年抄本,今存于新乡市图书馆。另外,新乡市图书馆藏有民国四年成立的中州文献征辑处抄录的《南淔诗集》十六卷(缺第九至第十六卷)。

(2)《南淔诗集拾遗》一卷,有抄本。《中州艺文录》中有著录。

(3)《南淔诗谱》六卷(《河南通志艺文稿》16卷)。有中州文献征辑处征辑抄本8册。《清史稿艺文志补编》《中州先哲传·文苑》《中州艺文录》中有著录。

(4)《南淔赋稿》一卷(《中州先哲传·文苑》称2卷),有抄本、刊本两种。前有周访礼序:"南淔先生,才高学博,时艺古学,体无不精,而诗赋犹称绝妙。初为诸生,早已词坛树帜,为郑、荥等八学之冠。由是而声驰梁苑,风闻京师。凡督学中州诸君子,无不自词垣早耳其名者。非先生以麟凤之采,渊岳之心,茹古涵今,色孕众美,乌能及此哉!"河南省图书馆收藏有嘉庆十六年(1811)香雪书屋刊本2册。

(5)《南淔赋钞》,清宋继郊编撰的《东京志略》中有著录。

(6)《南淔文集》十六卷,朱彭寿编撰的《清代人物大事纪年》《中州艺文录校补》中有著录。

(7)《南淔外集》八卷,家藏本。《中州艺文录校补》中有著录。

(8)《河岳集》一百二十卷,有中州文献征辑处抄本,今存于新乡市图书馆。此为汉魏以来中州诗歌选本,《中州先哲传·文苑》《中州艺文录》著录,《中州诗钞》有详细记载。清道光年间,河南省宝丰县人杨淮[字笠舟,号澄波,道光十九年至二十三年(1839—1843)任密县儒学训导]辑录《中州诗钞》,很大程度上借鉴了《河

岳集》,因此,杨淮专门在《中州诗钞》中为钱九韶立传并多处提到阅读、借鉴《河岳集》的事。《中州诗钞》后来成立规模和影响最大的历代中州诗人诗歌总集。

(9)《研来斋杂记》十二卷(《中州先哲传·文苑》称三十卷)。有中州文献征辑处征辑的抄本 12 册。《中州艺文录》《河南通志艺文稿》中有著录。

(10)《葩经正韵》八卷,家藏本。《中州先哲传·文苑》《中州艺文录》中有著录。有听濑山房刊本,今存于新乡市图书馆。

(11)《四书正字》四卷,有刊本。《中州先哲传·文苑》《中州艺文录》中有著录。

(12)《密县志补遗》六卷,家藏本。《中州先哲传·文苑》《中州艺文录》及《河南通志艺文稿》中有著录。

(作者单位:中共郑州市委党史和地方史志研究室)

辛亥义士、代理省长张登云

李建民

　　荥阳市汜水镇西面的姚寨村地形神奇,过去村南、村北各有一座寨门,寨门东西两边是深而宽的大沟,自东、西两面向北延伸,在村北门 300 米外低处的祠堂沟合围,这样,姚寨村就成了三面环沟的"孤岛"。民国时期河南省代省长张登云的故居就在祠堂沟,这里背山面沟,向阳蔽风,是一处风水宝地。

　　张登云,号跻青,生于清光绪五年(1878)农历七月十四日,光绪末年最后一科中举。张登云喜欢家乡的柿树,又喜吃小米,故号"柿谷道人"。他和民国时期的著名人士廖仲恺、于右任、李济深、张钫等交情甚厚,一起拥护孙中山的革命主张,成为当时影响全国的革命家。光绪三十一年,张登云经清政府保送到日本早稻田大学政治系学习,后参加中国同盟会。宣统元年(1909)从日本回国,在河南政法学堂任教。

　　辛亥革命爆发后,他在开封和张钟端、杨源懋、王少湘等组织武装起义,炸毁开封火药库。张钟端等 11 人被捕,张登云化装逃出虎口,返回家乡小住了一段时间后,经上海东渡日本,住在妻子樱田菊子(又名张田希九)家。1916 年,袁世凯下台,张登云同妻子一起回国,继任河南政法学堂教授,翌年任该校校长。

　　张登云在开封市北太平街 16 号买地建宅,三进四合院,共建房 30 间,其中前院 13 间、中院 11 间、后院 6 间,现为开封市文物保

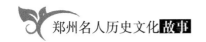

护单位。建此宅前,张登云先后在北陶胡同、花开街住过。三处住地都在龙亭湖东侧,离他工作过 18 年的三胜街河南省政法学堂很近。

张登云娶过三个妻子,王氏生两个女儿,日本籍樱田菊子生一个女儿,名张英华,李淑珍生五男二女。王氏与其女住祠堂沟老家,其他人住在开封。

张登云能诗文、善书法,常临颜真卿帖。他还好客,每有客至必吟诗唱和。其著作很多,现仅存为女儿张锦华写的《麻古山仙坛记》。遗存书画中有廖仲恺题赠的照片。他与袁世凯有交情,曾上书袁世凯,后来袁因上书而通缉他。河南沦陷初期,张登云住所附近有 30 多名妇女到张家避难,樱田菊子专门用日语书写启示,说明此宅为日本侨民,请勿打扰。

1921 年,张登云出任河南省民政厅厅长,后任河南省实业厅厅长,并代理河南省省长。在任期间对当时官府贪污成风十分不满,便辞官从教。

1934 年,河南省政府任他为南阳专员,张登云拒官不去上任,后来,好友强拉他到南阳当了一年参谋。第二年,安徽省主席刘镇华委任他为法制室主任,他不愿同政治官员同流合污,平时只研究法制,其他政事一概不问,两年后便辞职回到开封。

1938 年,张登云的同学、日本驻华司令土肥原特命在开封的日军与他联系,想让他助日侵华,张登云托病不出。土肥原专程到开封登门探病,张登云装病卧床,佯装不识。

1944 年,日军成立"中原政务委员会",让张登云出任主任,并用他的名义通知各县代表到郑州开会。日方强拉他到郑州参加会议,他以治病为由回到祠堂沟老家,日军密令汜水驻军暗中监视。三天后,日军以保护为名将他送回郑州,张登云仍托病拒不任职。1947 年初,张登云的长侄被日伪杀害,他痛骂国民党政府不仁不义,一气之下卧床不起,1月13日含恨逝世,享年69岁。

张登云学识渊博,关心乡里,热爱公益事业,曾于1927年参与编修汜水县志,1947年将自己珍藏的"二十四史"捐给汜水县教馆供学子阅读。他在开封力主汜水会馆开办灾荒平粜局,济救灾民。他一生忠贞耿介,友人王智君写长联歌颂他:"能文章,能政事,主讲法学十八年,耗尽苦心,桃李几遍大河南北;是英雄,是名士,视奸敌寇甫两载,那堪瞑目,党争犹残中国兄弟。"张登云谦恭自律,给二弟、三弟写信说:"如果乡亲们仍然叫你们老二、老三,说明你们俩还没变,大家仍是好乡亲。如果称呼你们二老爷、三老爷,那是辱骂你们,你们要拒绝这样的称呼。"

张登云一家是革命的一家,长侄张华强1935年参加革命工作,毕业于黄埔军校保定分校,毕业后参加革命并加入中国共产党。1945年10月随皮定均部在伏牛山向东突围,和大别山的李先念部会合。后来,张华强在杨得志部下工作,曾任荥汜抗日民主政府三区区长。

1946年冬,张华强被伪乡长方子美拘捕,押送开封保安司令部,张登云设法营救无果,终被日伪杀害,1955年被追认为烈士。他的侄子张华挺、张华勇都是抗日爱国青年。

（作者单位:原荥阳市地方史志办公室）

魏巍：革命烽火中的文学巨匠

闫舒贤

在河南郑州的历史长河中，有这样一位人物，他以笔为剑，以文传情，用一生的热情与才华书写了革命与文学的壮丽篇章。他，就是魏巍，一位在中国当代文学史上占有重要地位的作家。从郑州的一个贫寒少年，到八路军中的文艺战士，再到享誉文坛的著名作家，魏巍用他的笔和心，书写了属于自己的辉煌人生。本文将围绕魏巍的人生经历，展开一段跨越时代、深入心灵的探索之旅。

贫寒少年，志存高远

魏巍，本名魏鸿杰，1920 年 3 月 6 日诞生于河南郑州一个普通的城市贫民家庭。童年的他，生活并不富裕，甚至可以说充满了艰辛。然而，正是这些磨难，铸就了他坚韧不拔的性格和追求梦想的决心。魏巍的父亲是一位勤劳的工人，母亲则是一位典型的家庭主妇，他们虽然生活清贫，但始终给予魏巍无尽的爱与支持。家庭的贫困并没有消磨掉他对知识的渴望和对未来的憧憬，幼年时期，魏巍便展现出了对文学的浓厚兴趣，他常常利用一切可以利用的时间，如饥似渴地阅读着能够接触到的每一本书籍。这些书籍，如同一盏盏明灯，照亮了他前行的道路，也点燃了他心中的文学梦想。然而，命运似乎并不打算让这位少年一帆风顺。15 岁那年，魏巍的父母相继离世，留下他孤苦无依。面对突如其来的变故，魏巍没有选择沉沦，而是更加坚定了自己的信念。为了生计，他不得不辍学谋生，靠誊写为生，用稚嫩的肩膀扛起了生活的重担。然而，他心中始终燃烧着一团火，那是对知识的渴望，对未来的憧憬。生活的艰辛并未压垮他，反而更加坚定了他追求知识和理想的信念，他利用业余时间自学文化知识，不断提升自己的素养和能力。

投身革命，笔耕不辍

1937 年，抗日战争全面爆发。在国家危难和民族存亡的关头，年仅 17 岁的魏巍毅然决然地做出了人生的重大选择——投身革命。他从郑州只身前往山西赵城县八路军一一五师军政干部学校，正式成为一名八路军战士，从此，他开始了自己的革命生涯和文学创作之路。在部队中，魏巍不仅是一名勇敢的战士，更是一名才华横溢的文艺创作者。他利用自己的文学才华，创作了大量的街头诗、抒情短诗和通讯报道，这些作品以其深刻的思想内涵、独特的艺术风格和广泛的社会影响而著称，深受广大指战员的喜爱和赞誉，它们不仅鼓舞了战士们的斗志，也传递了革命的精神和力量。魏巍的文字如同锋利的刀剑，直击敌人的心脏，又如温暖的春风，吹拂着战士们疲惫的心灵。

延安岁月，文学启蒙

1938 年，魏巍进入延安抗日军政大学学习，并在那里加入了中国共产党。延安时期的学习和生活经历对他产生了深远的影响。在延安这片革命的热土上，他接触到了更多的文学大师和优秀作品，进一步拓宽了自己的文学视野和创作思路。同时，他也积极参

与了各种文艺活动和社会实践,不断锤炼自己的文学才华和革命意志。在延安的岁月里,魏巍的文学创作达到了一个新的高度,他创作了大量的诗歌、散文和通讯报道等作品,这些作品以其真挚的情感、生动的形象和深刻的思想内涵而广受好评,它们不仅记录了革命战争的艰苦历程和英雄事迹,也展现了革命战士的崇高精神和伟大品质。

战火洗礼,文学升华

抗日战争和解放战争期间,魏巍一直随部队转战各地,经历了无数次生死考验。在战火纷飞的岁月里,他始终保持着对文学的热爱和追求,他利用一切可以利用的时间和机会进行文学创作,用文字记录下那些感人至深的故事和瞬间。魏巍于1942年创作了一首长诗——《黎明的风景》,它生动地表现了抗日斗争的生活,展现了中国人民在战争中的坚韧与希望。这首诗获得了晋察冀边区文学艺术界联合会颁发的鲁迅文艺奖金,标志着他文学创作生涯的开始,他既是战斗员又是宣传员更是记者,他用自己的笔记录下了战争的残酷与壮烈、人民的英勇与牺牲,他的通讯报道不仅及时准确地反映了战场情况,还生动形象地展现了战士们的精神风貌和英雄气概。1951年4月11日,魏巍在抗美援朝战争期间在《人民日报》上发表了一篇著名的通讯——《谁是最可爱的人》。这篇作品以中国人民志愿军在朝鲜战场上的英勇事迹为题材,深情讴歌了志愿军战士的伟大精神和高尚品质。文章一经发表便引起了广泛的社会反响和强烈共鸣。它不仅让读者深刻感受到了志愿军战士的英勇和牺牲精神,也激发了全国人民的爱国热情和奋斗精神。毛主席读后,立即批示"印发全军",并建议其他领导人认真阅读,从此,"最可爱的人"成为志愿军战士的崇高称号和代名词。这篇文章不仅在国内产生了广泛影响,还被编入中学语文教材,激励了一代又一代的中国青年。

文学高峰,《东方》传世

新中国成立后,魏巍的文学创作进入了新的高峰期。他相继创作了中篇小说《长空怒风》、电影小说《红色的风暴》等作品,这些作品以其独特的艺术魅力和深刻的思想内涵赢得了广泛的赞誉和认可。然而,真正让魏巍在文坛上奠定地位的还是他的长篇小说《东方》,这部作品以抗美援朝战争为背景,通过宏大的历史视野和深刻的思想内涵展现了中国人民在战争中的英勇抗争和伟大胜利。小说情节跌宕起伏、人物形象鲜明生动、语言质朴有力,深受广大读者的喜爱和赞誉。小说不仅描绘了战争的残酷与壮烈,更深入挖掘了人性的光辉与伟大,它让人们看到了在战争背后那些默默无闻的英雄们用自己的生命和鲜血捍卫了国家的尊严和民族的荣耀,它不仅获得了第一届茅盾文学奖,也被选入"新中国70年70部长篇小说典藏",成为中国现当代文学的经典之作。

晚年生活,笔耕不辍

进入晚年之后,魏巍并没有停下创作的脚步。他依然保持着对文学的热爱和追求,继续笔耕不辍地创作着新的作品。他的晚年生活虽然相对平静,但内心却充满了对文学的热爱和执着,他用自己的笔和心继续书写着属于自己的文学传奇。除了文学创作之外,魏巍还积极参与各种文化活动和社会公益事业。他用自己的影响力和号召力为文学事业和社会进步贡献着自己的力量,他的晚年生活虽然简单但充满了意义和价值。

2008年8月24日,魏巍因病在北京逝世,享年88岁。他的离世让无数读者和文学爱好者感到悲痛与惋惜,然而他的作品和精神却永远留在了人们的心中,成为激励人们前进的力量源泉。魏巍的一生是革命的一生、战斗的一生、创作的一生,他用自己的笔和心灵书写了无数感人至深的故事和篇章。他的作品不仅在中国当代文坛上占据了重要地位,更成为激励一代又一代人前进的精神力量,他的一生就像一部壮丽的史诗充满了传奇色彩和深刻内涵,他用自己的行动诠释了什么是真正的共产党人。

(作者单位:郑州财经学院马克思主义学院)

戏比天大

——人民艺术家常香玉

李　红

　　她9岁登台演戏,13岁主演《六部西厢》誉满古都开封,29岁为志愿军抗美援朝捐献飞机一架,一曲《谁说女子不如男》随之唱响大江南北,20世纪五六十年代多次到中南海演出,受到毛泽东等党和国家领导人接见。她历任中国剧协副主席、省文联副主席、河南豫剧院院长,多次被评为全国劳动模范、文化部荣誉奖、中国文联优秀工作者。她就是名列豫剧五大名旦之首,全国唯一一个被国务院授予"人民艺术家"荣誉称号,2009年全国"双百"评选"100位新中国成立以来感动中国人物"之一的豫剧表演艺术大师——常香玉!

妙玲少女"串门子"

　　1923年农历九月十五(公历10月24日),随着一声清脆响亮的婴啼,一个顽强而倔强的小生命,诞生在豫西的一个小山村——河南巩县董沟村(今属巩义市河洛镇)。唱戏出身的父亲张茂堂(艺名张凤仙,后改名张福仙)情不自禁地喊道:"好嗓子,唱戏有好腔!"在母亲魏彩荣的催促下,大字不识一个的父亲开始为孩子起名:"戏词里有句妙龄女郎,秋波若水,这妮儿眼睛水灵,就叫张

173

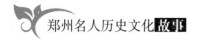

妙玲吧。"

张妙玲有双水汪汪的大眼,两道浓密的眉毛,又黑又粗的独辫子,很是招人喜欢,但贤惠的奶奶却常常搂着妙玲泪流满面。爷爷去世早,奶奶一手拉扯大了三儿四女,家里仅有四分丘陵旱地怎能养活一大家人?四个姑姑早早送给人家做了童养媳,其中二姑、四姑都是20来岁就被婆家折磨虐待而死。父亲年轻时偷偷出去唱戏挣钱、养家糊口,前年却又坏了嗓子无法登台……看着可人的小孙女,奶奶真为她日后的生存犯愁!

妙玲7岁时,为置办棺椁、安葬奶奶,父亲向族长借了20块钱。为了还债,家里的日子更加艰难,冬末春初,家里实在揭不开锅,无奈的母亲只好领着妙玲"串门子"去了——"串门子"就是要饭,只是为了自我安慰而换了个说法而已——就这样,张妙玲吃着百家饭一天天长大了。

更名易姓常香玉

孩提时代,不识生活艰辛的妙玲喜欢苦中作乐,五六岁就爱听戏,每遇搭台唱戏的都驻足聆听、不尽不归,还时不时跟着台上哼两嗓子,虽然奶里奶气的,倒也有模有样、有板有眼,张茂堂始终觉得女儿是唱戏的材料!

1932年春,父亲带着妙玲到密县一个戏班里帮忙,一年多的时间里,妙玲天天看戏,无意间受到更大的熏陶。一天,戏班在超化镇上演《铡美案》,临开演,饰演冬妹的小哥哥突然病了,掌班情急之下让妙玲上台救场,看出她是棵唱戏的好苗子,就建议妙玲女承父业、入行唱戏,碍于艺人被列入下九流、死后不得进祖坟的世俗,此事暂时被搁置,但曾是密县一带豫剧名角的张茂堂,已暗中开始给妙玲指点戏路。

1933年端午节,父女俩回家过节,大姑提出把她送去当童养媳。想到被折磨死的两个妹妹,张茂堂坚决不同意,稍谙世事的妙玲更是斩钉截铁地说:"宁愿跟爹出去唱戏也不当童养媳,不能叫人家打死!"大姑听罢大骂张茂堂:"你死后都不能进老坟,如今又让闺女唱戏,真是越来越下作了!"兄妹二人就此反目。族长闻听此事也放出话:"要想唱戏就别姓张!"

走投无路的张茂堂变卖家当返回密县,在站街镇集沟村和好友常会庆(人称常老大)说起此事,常老大说:"我喜欢这个闺女,她唱戏准有出息。张家不容她,就认给我改姓常,我不怕丢人!"

1934年秋,妙玲搭班到巩县演出,族长又派人苦苦相逼,阻止妙玲唱戏,在常老大的劝导下,父女俩一咬牙,张妙玲干脆改名常香玉了。

戏比天大扬美名

回到密县,常香玉公开随父学艺,为练好刀马旦架子功吃尽了苦头,身上常常磕得青一块紫一块,父亲还用皮鞭帮她"长记性",她由此练出了一身好本领。后拜名角王金枝为师学习各种绝技,逐步达到炉火纯青的地步。

1934年,常香玉到郑州长发戏院(今河南人民剧院南边)演出,她唱腔好又会武功,很快有了点儿名气。一次演出中,她不小心唱错了词,羞愧地等待父亲责罚。这次父亲没有打她,而是语重心长地告诉她:"演员上了台,戏比天还大!"从此,"对一个演员什么最大?唱好戏最大,戏比天大!"成了她的口头禅,此后的数十年中,她再没出现过一次错词忘词的情况。

1935年冬搭班来到省城开封,常香玉的名字很快就上了戏单、海报,名气天天见涨。1936年秋,她借鉴京剧武戏《泗州城》中的

打出手(戏剧武功特技),将这部移植到豫剧在开封演出,引起极大轰动,13岁的她一举成名成为主演,开始挂头牌演大轴戏。1937年2月,常香玉挂头牌的戏班改组为"中州戏曲研究社",吸收大学生王镇南、史书明两位"先生"加盟。两位先生创编新剧《六部西厢》,成为开封最受欢迎的剧目,常香玉也成为最受关注的顶级大腕儿,和豫剧皇后陈素贞分庭抗礼。

"七七"事变后,常香玉对日寇侵华行径痛恨之至,演出《破天门》时,在穆桂英的唱段中加入"取了那大阪地再平东京"唱词,博得观众阵阵叫好。1938年年初,她专门请王镇南编写了豫剧史上的第一部现代戏——《打土地》,以主人公饱受日寇迫害的经历宣扬抗战,激发观众的抗日激情,公演时备受推崇,掌声、呼声几乎掀翻了剧场的屋顶。

一见钟情结良缘

1938年4月底开封沦陷前夕,戏曲研究社被迫解体,常香玉一路逃难来到洛阳,名声很快又红遍了洛阳。1940年2月她患了肋膜炎,做手术被抽掉两根肋骨,辍演一年多。1941年秋,老家南河渡(河名)洪水泛滥,她不顾病体未愈,毅然登台义演,用募集的钱物为家乡修了一条拦水坝,如今,这条"香玉坝"成了香玉故里的一处风景。

1942年春,常香玉在洛阳受到一个姓卢的缉私专员骚扰,她跳崖明志,之后被迫去了陕西,短短个把月就在西安、宝鸡扬名立万。陕西也非清静地,5月,她受到宝鸡青帮头子李樾村猥亵,盛怒之下吞金自杀。在病床上,无意中遇到河南老乡陈宪章,这个曾经给她说过戏、令她情窦初开的大学生,满腹经纶、谈吐不凡,爱慕之情使她打消了求死的念头,恢复了生活的勇气。陈宪章是宝鸡三青团小官员,对这个艺压群芳的刚烈女同样爱慕有加,辞官而追随常香玉,两人于1944年6月3日喜结连理。

1948年,"水旱黄汤"四大灾害使众多河南百姓流离失所、逃往陕西,常香玉夫妇收留大批难民子女,在西安办起"香玉豫剧学校",既救助了这些孩子,又为培养新人奠定了基础,其中就有后来曾获全国十大名旦银奖、十大名丑金奖的国家一级演员高玉秋。

是年秋,陈宪章被怀疑是共产党而被国民党当局逮捕,常香玉倾家荡产将他救出,为摆脱特务的监视和威胁,夫妻二人应西北行辕主任张治中之邀,率香玉剧校到兰州演出。早已声名在外的常香玉,在兰州同样受到追捧,各家报馆纷纷报道她演出的消息,使得每场演出都一票难求。

抗美援朝捐飞机

1949年西安解放,他们一路演一路行,于1950年3月辗转返回西安,将香玉豫剧学校改为香玉剧社。1951年6月,中国人民抗美援朝总会号召全国人民捐献飞机大炮,常香玉决心全力支持抗美援朝,决定在全国巡回义演6个月,为志愿军捐献一架战斗机。当时买一架战斗机要15亿元(旧币),这对她来讲无疑是个天文数字。她卖掉剧社仅有的一部卡车和自己的金银首饰,捐出4000万元后,将剩余的钱用作巡演基金。

此时她已有3个子女,长女常小玉刚6岁,次女陈小香不满5岁,幼子陈嘉康才3岁。为搞好义演,她毅然把从未分开过的孩子送进了托儿所。夫妇二人精心准备新剧目,陈宪章用4天时间根据京剧《木兰从军》改编了豫剧《花木兰》,一上演就受到欢迎和赞扬。8月7日,香玉剧社60余人开始全国巡演,先后到开封、郑州、新乡、武汉、长沙、广州等地演出,受到各省市党政军领导的亲

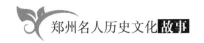

切接见和人民群众的热烈欢迎。

半年时间里他们共演出 180 场,常香玉场场是主角,有时累得一下场就躺倒起不来,但即使是感冒发烧、上火牙疼她也坚持演出。1952 年 2 月 7 日,义演收入达到 15.27 亿元,她立即汇款给抗美援朝总会,收到郭沫若会长签署的嘉奖电时,常香玉激动得哭了。常香玉捐献飞机的行为得到各界高度评价,华南局书记叶剑英为她亲笔题词"爱国艺人",西北局书记习仲勋称她的捐献行为是"爱国主义典范"。

她捐献的战斗机被命名为"香玉剧社号"。翌年夏,她赴朝鲜为志愿军慰问演出,志愿军空军送给她一架"香玉剧社号"战斗机的模型,其间她还受到彭德怀司令员和朝鲜元首金日成的接见。抗美援朝结束至今,"香玉剧社号"被作为文物保存在中国航空博物馆。1993 年 3 月到北京出席全国人大会议期间,常香玉还亲自登上了她当年捐献的米格-15 战斗机。

小红娘进中南海

1952 年 10 月 6 日,常香玉进京参加全国第一届戏曲观摩大会,与梅兰芳、程砚秋同获最高荣誉奖。观摩大会期间,她首次在中南海怀仁堂为毛泽东主席等领导人演出《拷红》,终场时,毛主席走到台前接见了活泼可爱的"小红娘",之后她还受到周恩来总理宴请。12 月,随宋庆龄、郭沫若率领的中国代表团,与梅兰芳等一起出席在奥地利维也纳召开的世界和平大会,回国途中经过莫斯科,受到在此休养的国家主席刘少奇亲切接见,并赠她"和平万岁"题词。

1954 年 10 月 2 日晚,她二进中南海怀仁堂,与梅兰芳、周信芳、程砚秋一起为毛泽东、周恩来、刘少奇等领导人和苏联、越南、朝鲜、蒙古等国家领导人演出豫剧《断桥》。1958年、1959年的两次郑州会议期间,她两次到省军区礼堂为毛主席等中央领导演出,受到毛主席接见。1959年国庆节,她再次走进中南海怀仁堂,演出了毛主席亲点的豫剧《破洪州》。

1963年冬,她率团在长春电影制片厂拍摄电影《朝阳沟》,返郑时路过北京,被中央文化部留了下来,因为毛主席想看看这出戏。毛主席还提出:"是否让常香玉也上去,让我一起看看。"1964年1月1日晚,她扮演拴保娘上台演出,毛泽东等领导人看得十分高兴。演完之后,毛主席等中央领导上台接见全体演员,拉着常香玉和她并肩而立,《人民日报》《河南日报》都刊登了那次演出和她受到接见的照片。

1966年,常香玉遭到错误批判,演出活动被迫中断,1969年她被送到西华县农场接受劳动改造,直到1972年才返回河南豫剧二团,参加现代样板戏的演出。

五大名旦她为首

1976年粉碎"四人帮"后,古装戏逐步解禁,常香玉迎来了演艺事业的第二春。1977年1月,她参加在北京体育馆举办的纪念周总理大型诗歌演唱会,郭沫若作词的豫剧唱段《水调歌头·粉碎"四人帮"》迅速传遍全国,抒发了她在"文化大革命"期间被压抑多年的胸臆。

1980年3月27日至4月13日,河南省举办豫剧流派会演,常香玉与陈素真、崔兰田、马金凤、阎立品参加会演,以不同的艺术风格被确认为"豫剧五大名旦"。1994年4月,中国艺术研究院、新华社河南分社、河南省文化厅主办的"今日中国豫剧十大名旦选拔赛"活动举行颁奖晚会上,组委会授予她们"中国豫剧名旦功勋

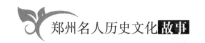

杯",以常香玉为首的"豫剧五大名旦",遂成为既是世人公认,又是官方授予的荣誉称号。

常派风格被归纳为"舒展奔放(唱腔),刚健清新(表演)",字正腔圆、运气酣畅、韵味淳厚,以声绘情、以情带声、雅俗共赏,表演细腻、内涵深邃、一人一貌,都是她的突出特点。除早期的代表剧目《六部西厢》(后改编为《拷红》)和陈宪章为抗美援朝义演改编的《花木兰》外,常派代表剧目还有古装戏《打金枝》《秦香莲》《大破天门阵》《破洪州》《五世请缨》《蓝桥会》《洛阳桥》《香囊记》《大祭桩》等,大都宣扬了忠义爱国的思想和反抗封建礼教、追求自我解放的精神。现代戏《李双双》《人欢马叫》《柳河湾》等,则表现了广大农村社会主义建设中涌现出的新人新事。她的很多唱段都成了家喻户晓、脍炙人口的豫剧名段。

艺坛荣誉她最高

新中国成立后,她先后当选第一、二、三、五、六、七届全国人大代表。1959 年,在邓小平同志关心下加入中国共产党。1955 年夏,香玉剧社从西安迁到郑州,翌年 3 月任河南豫剧院首任院长。1957 年 1 月当选中国戏剧家协会河南分会副主席。1977 年 12 月调任省戏曲学校校长。1979 年 10 月和 1980 年 5 月,分别当选中国戏剧家协会副主席、省文联副主席和省戏剧家协会主席。1980 年6 月,国家文化部、中国剧协与河南省文化厅、省文联共同举办"祝贺常香玉舞台生涯 50 年"纪念活动,表彰她为发展豫剧事业做出的卓越贡献。为培育豫剧新人,1988 年,她筹资 20 万元设立"香玉杯"艺术基金,时任国家主席杨尚昆亲笔题写"香玉杯"杯名。

1989 年 10 月,获中国唱片总公司首届"金唱片奖"。1990 年12 月,河南电视台拍摄 18 集电视连续剧《常香玉》,1992 年春节首播。1992年年末,年届70的她办理离休手续。1994年6月获纽约美华艺术协会、纽约市文化事业部、林肯艺术中心颁发的"亚洲最佳艺人终身成就奖"。1995年被国务院授予"全国先进工作者"称号。1998年和2003年为河南省送温暖工程及抗击非典捐款共计7万元。

2003年年初,她被查出患有癌症,进京住院治疗。6月颁发第九届"香玉杯"期间,带病走进中央电视台《艺术人生》栏目(9月播出),年末还带病到北京奥体中心建筑工地为农民工做慰问义演。

2004年6月1日,豫剧大师常香玉与世长辞。7月7日,国务院下发《关于追授常香玉同志"人民艺术家"荣誉称号的决定》(国发〔2004〕19号),授予她中国艺术界的最高荣誉——"人民艺术家"称号。2009年9月,她被评选为"100位新中国成立以来感动中国人物"之一,让世人永远记住了常香玉这个不同凡响的名字。

(作者单位:中共中牟县委党史和地方史志研究室)

田园深处

——陈天然老人写真

李晓娜

柏沟岭的油菜花开了,层层叠叠,挨挨挤挤。油菜花海的最深处,就是天然山庄。这座三层庄院,全部用黄河岸边常见的暗红色的石头垒砌,这些来自泥土深处的精灵,色调很古朴,相貌也深沉些,因而给山庄也营造出了一种雄浑的意境。山庄主人就是陈天然——一位画、书、诗三绝的艺术家。

陈天然,1926 年 4 月 20 日生于巩义市河洛镇柏沟岭。当代中国书画家、版画家、诗人。历任河南省书法家协会副主席,河南省美术家协会副主席、名誉主席,河南省书画院院长,中国美术家协会、版画家协会、书法家协会常务理事,第六届、第七届全国人民代表大会代表,1992 年起终身享受国务院特殊津贴。曾获"鲁迅版画奖"和日本国际版画研究会特别设立的凤凰金奖等。

山庄风情

啪!啪!啪!古朴的青铜门环敲击着威武的狮鼻,清脆响亮地穿透厚重的木门,一位白发老太太闻声而来:"你们人别太多喽,老头儿年纪大了,经不起吵闹⋯⋯"老太太絮絮的,暖暖的。

进得门来,穿过红石走廊,再推开一道红木格门,进到一个红石券就的石窑,老头儿已经坐在小方桌前的藤椅上了。黑棉袄,白衬衫,黑棉裤,黑布鞋,蓝菱子花格的棉袜,再绽出一团温暖的春花般的笑,好一个和蔼可亲、精神倍儿足的老头儿。小石窑布置得干净利落,红木柜子嵌进石坎窑,床铺整齐,靠门口的窗台下,一台电脑,是老太太工作的地方。红木头的方桌子上放着书本、画册、报纸,周围是四五张带靠背的竹椅子,农家常见的那种。小时候,我最怕坐这种椅子,椅面儿上的竹篾松了的时候,会夹着嫩嫩的小屁股,那种冷不丁的疼至今难忘。

老头儿今年虚岁九十,胃口还不错,一顿饭能吃两个素包子,一个蜀黍穗儿,喝一碗小米汤,手擀面的蒜面条能吃一大碗,野菜馅的饺子也能来上两大盘。寒冷的冬天,老太太是不让倔老头儿出门的。但也有例外的时候,2014 年年底,好不容易下了一场雪,那雪景美极了,柿树丫上覆了一层白,远山、田野、沟壑,羊肠小道,都像是披上了白纱一般曼妙无比。老头儿倔脾气上来了,非要出去画画。老太太拗不过,认输了,只得自己扛着竹椅子,背着画夹子,搀着老爷子,走出了山庄……

天气暖和晴朗,路况又好的时候,老头儿和老太太会手拉着手,走出山庄,走进山野,一走就是三四里,一条沟,一道岭,一块田,一条路,一蓬草,一棵树……点点滴滴,收在眼里,融在心上,像是画笔头的那寸墨汁,饱蘸着一种深情。

更多的时候,老头儿是要和村里的老头儿们唠唠闲话的。他们扛着竹椅,偎着墙根儿,东家的先祖,西家的田,种地的艰辛,收获的甜,前一百年后三百年地轮回着,山沟里的风把他们的笑声捎出去老远老远。老头儿很自豪地说,柏沟岭上有李、陈、刘、张、牛几大姓氏家族,他现在是陈姓家族中年龄最长的。

老头儿爱怀旧,常常跟来客论说这座山庄的前尘往事:这片地儿,风水宝地。懂堪舆学的爷爷亲自看下的庄院,爷爷叫陈东海。

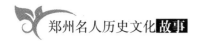

那年头儿,兴的是地坑院儿。他们家里父亲那辈儿弟兄四个,他这辈弟兄两个,大伙儿齐动手,起早贪黑,打坯挖窑,砌大门,平院地,土得像泥猴儿,累得抽筋,硬是这样一锹锹、一耙耙地整出了个家园。按时间推算,当年整地坑院儿的时候,老头儿才10岁,最小的叔叔陈末15岁,他俩不会技术活,只是搭伴儿从3丈深的坑深处往上拉土。连续干了两年多,终于挖成了12孔窑洞,全家喜得乔迁……可惜好景不长啊,那一年,暴雨成灾,山水汹汹,大半土窑洞被泡塌了。回想起当年,老头儿眼里有了幸福而遗憾的泪光。

如今的天然山庄,依然是个地坑院,只是全部换成了石材。老头要建一座艺术山庄,这在柏沟岭是件小事儿,小得就像一个平常农家修个庄子,但在省城却是大事儿!省建筑设计院组织了七八个专家组成了设计组,框架结构的图纸画了一大卷。老头儿就问一个问题:"这框架结构的水泥房子能保多长时间?"人家回答:"理论上是七十年,实际只有三十年。""那不行!我要一百年的,甚至五百年的!"老头儿是个搞艺术的,他知道,东方艺术的代表是书画,西方艺术的代表是建筑。所以,他就找到了老伴儿的同学,一位搞了几十年建筑研究的名叫姬红的博士,女博士淡淡地说:"苏联没解体前,有个中小城市遭遇了一次不小的地震,框架结构的建筑全塌了,倒是民间的石头建筑保留了下来。""那我就用石头来建山庄,用俺柏沟岭泥土下深埋的那种红砂石!"石头,是来自泥土深处的精灵,深埋地下,久经浸润,当然结实无比。一个梦想,就这样种植了。

老头儿的选择应该是对的吧,后来国内一位著名的老建筑学家参观天然山庄时感叹:"石头耐浸,拱圈结构抗震结实,老祖宗留下的赵州桥就是例证,你这山庄啊,能保千年!"老头乐了……

山村情结

黄河岸边,寂静山村,弯弯的村道上,总会蹒跚着一位老人,他衣着与行走的姿态与村夫无异。但是,有时老人会对着远处的青山白云凝神静思;有时会盯上一棵柿子树,与之对视良久;有时还会一遍一遍地把目光细细地投向那些苍茫的沟沟壑壑;有时也会坐在路边静听那风声、鸟声、花开声、叶落声……这情形,乡村老人是不会有的,在这个小村庄里,只有画家陈天然才会这样。

明末清初,历史地理学家顾祖禹辑著了《方舆纪要》一书,他参考正史、地志、野史,并亲自考察山川地貌,撰成此书,是我国最重要的一部历史地理、军事地理名著。书中载曰:"按横岭虽非高山大阜,东西横拖如长虹,自巩至汜水长三十里,北多山凹,李密伏兵处即此。西南有崎岖道通成皋,道傍为百花谷,绝壑深涧,亦险要之团。"书中所提的百花谷,就是现在的柏沟岭,古名亦叫百花屯。据说从郑州至洛阳沿黄河有一百多道沟,百花谷位居中枢地位,而且高深皆出于百沟,因此又名百沟岭。这里因沟深壑绝,曾是隋末农民义军李密藏兵的军事要地。

1926 年 4 月 20 日,柏沟岭这方水土上盛开的百花,迎来了陈天然的诞生。当他的脚丫开始踏上这片厚厚的黄土地,这个黄土的世界里就开始留下了他再也抹不去的足迹。柏沟岭东西两道幽深险远的峡谷,蜿蜒北去,直达黄河。在柏沟岭最高的柿子树上,常常趴着一个顽童,他举目远眺,望见黄河上千帆点点,群岭上万壑苍茫,身边飞鸟盘旋,头顶白云翻飞……多么美丽的家园啊!他欣喜欲狂地欢呼,曾经惊飞了山鸟;他超乎年龄的感叹,曾经震撼了山谷……这一点种子,就这样深深地种进了他的心田,生了根,发了芽,随着岁月而苍劲,近九十年的光阴,也未曾拔除。

古人有"名"有"字","名"是尊亲师叫的,将来当了官,也要刻在官印上。再取一个"字",是朋友同辈叫的,显得亲切随和。陈天然原名一个"冉",无字,不是家人懒,而是在他出生的那个年代,人们从先辈那里继承的淡定儒雅,正在受到新文化之风的吹拂,都想尽快扔掉点儿旧的东西,于是,就把"字"扔了。其实,人们可能不知道,"字"是"名"的平衡或补充,对人生大有益处。陈氏家族在村中属大户,早年曾与别人合伙买了一辆跑运输的汽车。陈天然的爷爷陈东海老先生很重视教育,他常说的一句话是"一年之计树谷,十年之计树木,百年之计树人"。5岁时的陈天然就开始和堂妹跟着爷爷认字,并读了《三字经》《弟子规》等。6岁时,爷爷免费办私塾,学生有长兄陈天恩、堂兄陈天爵,以及其他姓氏子弟田泰禄、牛宝元、吴松贵、吴松山、曹长灵等。一年后,陈东海老先生请村里长者商议兑钱办正规私塾一事,乡亲们推他为首,聘请汜水乔世昌当先生,教孩子们四书、五经和书法。不到八岁的陈天然是私塾里年龄最小的学童,但努力好学,乔先生问他名字后,信手在书本扉页上写下了"天然"二字,既与两位兄长天恩、天爵相配,又应了"道法自然,观天之道,执天之行"的寓意。也许有意无意皆是天意,就是儿时如此一个不经意的改动,竟然成就了陈天然先生一生的艺术写照。

乔世昌先生可谓是第一位识他懂他之人,老先生说他"鼻尖有个麻子,心里有点窍",断定他日后必成大器。就托人说媒,把自己11岁的女儿乔娥许配给了陈天然,当时民间盛行娃娃亲,于是,就这样莫名其妙地成就了一段姻缘。至于乔娥女士与陈天然先生,艰难坎坷而又相惜相扶的婚姻生活,又都是后话。

天性是懵懂的,但智慧是后天点化的。追溯陈天然的艺术源头,有天性使然,也有家族传承。他从小在黄土地里摸爬滚打,六七岁爱用黄泥捏各种各样的小壶、小茶碗和兔子、汪汪狗等小动物。那些拙笨而透着灵气的作品经常受到村民的夸赞。陈天然的奶奶娘家是书香门第,家中姪子辈都是大学毕业,有医生、教师、法官,对陈家影响很大。爷爷、父亲在走亲戚时,常常把四大名著、康有为和梁启超等先贤的书带回来看。在这个封闭的小山村,陈家人的思想无疑是超前的,最终有了陈东海老先生在晚年兴办私塾,启智民慧,造福乡里的义举。而就陈天然个人艺术启蒙来说,是他一位在北平艺专毕业的表叔率先点燃的,表叔送他了绘画入门图书《芥子园图谱》,那书在他以后多年走南闯北的生活中,带来带去,摹了数百遍。

12 岁的陈天然通读四书,书法绘画领先乡野,后来成了乡村教师。其间,他并未脱离农业,除了耕读,还抽空参加了中华全国木刻协会函授班,业余钻研木刻,并投稿各报刊。1948 年,《新洛阳报》社长江思元先生被他的作品打动,不惜以珍藏的著名版画家古元先生亲自拓印的三十多幅森刻原作借阅,以挽留他到报社任美编一职。

在陈天然一生的每个阶段,他所做的只是不断地丰富自己,提升自己,从未刻意地谋划过前程。然而那些令常人羡慕的锦绣前程的机缘,总是自自然然地来叩响他的房门。1949 年,江南解放,陈天然走出了家乡河南,随中原农工会南下武汉,到了湖北省美术室和群众艺术馆专业从事艺术创作。1960 年,中央美术院收集出版中华人民共和国成立以来的艺术成就,编撰《十年来版画选集》,别人一幅尚属不易,而他一入选就是两幅,分别是《套耙》和《赶船》。一时间,陈天然名噪全国。湖北艺术学院校调他筹建版画专业,聘请他为版画教研室主任。

陈天然 19 岁离开柏沟岭,东到商丘,西上洛阳,再南下武汉,访名师、研画艺,心摹手追,无论艺术感觉还是绘画技巧都有新的升华。但他总觉得自己的作品中缺乏一些什么,不能令他满意。

远远地离开了家乡,他才更加深深地思念家乡,了解家乡。当他再回到家乡,家乡的一景一物一下子变得生动起来:家乡的岭是一层层的,不是人工梯田那样齐整,却别有浑然天成的意味;家乡的柿树是峭拔怒张的,不是那种毫无韵味的张扬,有着虬劲奋进的气场;家乡的沟壑是深纵幽深的,不是那种一味险恶的陡峭,而是一种蕴含灵秀的深邃……

同样的生活环境,为什么在艺术家的眼中有如此大的变化?因为有了"走出去"和"再回归"的过程。如果说"走出去"之前的耕牛、犁耙只是原生态的生活,而"回归"之后的农家田园,一切景物都已经成为艺术的雏形。

转眼就是几十年的岁月。陈天然任过《湖北日报》和《中南工人报》美编,任过湖北省艺术学院版画考研室主任,任过河南省美术家协会和书法家协会副主席,河南书画院院长、一级美术师,中国美术家协会、中国书法家协会、中国版画家协会常务理事,河南省第五届人民代表大会,第六、七届全国人民代表大会代表等职务。但是职务越高,他却越来越觉得自己低微,低到尘土里去,他的谦虚友善常常让人误以为,这是一个刚刚从田间荷锄归来的老农。

他的性情是恬淡的,但性格是大胆的,敢于在艺术上否认权威另辟蹊径,独成一家。他把所有的激情都注入自己的作品中,多次参加全国美术展览,也到欧、亚、澳、美、法、日等国家展出,收入中外多种画册,中外多家美术馆收藏,入选各类巨型画册。多幅作品荣获鲁迅版画奖,日本国际版画研究会金奖等。他的木刻艺术享誉日本,日本艺术界还专门成立了"陈天然木刻研究会"。在他的世界里,只有创作时的"我"才是"真我",其他的身份名头,都淡若云烟。

万水千山走遍,陈天然先生作品无数,但是研究者发现,他的作品的主题,似乎一直都是柏沟岭。2013 年,由中国国家画院和中央新影集团策划、实施了新中国成立以来规模最大的一次美术文献摄制工程——《岁月丹青》大型纪录片。这部大型美术纪录片,以老艺术家口述为主要叙述方式,记录了建国以来 60 位 70 岁以上中国顶级美术家的艺术与生活,陈天然先生入列版画四大名家之一。在片中,人民出版社编辑、艺术史文献学博士张啸东先生说了一句让人记忆深刻的话:"他一生只画一个地方,就是他那个巴掌大的家。"

是的,陈天然走了一生,都没有走出自己的家乡。《岁月丹青》在央视及全国各省市台播出后,反响强烈,全国各地的电话翻山过海,打到小小的柏沟岭,打到沉寂的天然山庄,那亲切的问候、热情的感叹如一波温暖的浪潮,涌动在这位老艺术家的心头。他更加确信:家乡的每一寸土地,都连接着伟大的祖国的心脏!

田园深处

20 世纪 60 年代,受时代影响,陈天然曾下决定要留在柏沟岭,再不返城,就做一个耕田种地的农民。但是,命运却再次催促他不断地出发,远行,盘旋,而回归,似乎成了一个遥远的梦。

老头儿是个向善的人,无论处在人生的哪一个阶段,何种境遇,他从没愧对过自己的良心。

1954 年,湖北发生特大洪水,洪水如崩山倒海从天而降,江堤上游溃口,鄂、皖两省六县 235 万亩良田顿成汪洋大海。中央提出"抗灾第一、生命第一"!危急时刻,陈天然受命到黄梅县参加抗洪救灾,负责两个村的救灾工作。陈天然与所辖村干部誓言不能淹死一人!若要保护生命财产首先要保住明朝永乐年间修筑的黄广大堤,群众纷纷拿出棉被、门板,砍光树枝来阻挡滔天巨浪,以减缓

对堤坝的冲击力，陈天然和群众一起组成人堤，日夜站在水中，战斗在抗洪保堤的第一线。数千灾民聚集在大堤上，饥寒交迫，凄苦不已，而且缺医少药，每天都要死人，尸体垃圾活人挤在一起，检查工作都无法下脚。看到这情景，陈天然痛心疾首，果断带一持枪民兵驾小船到大江中心，放走载重大船，呼叫空船救人，对不理睬者鸣枪叫停，强求船主运送灾民，或在江中打捞中央空投下来的救灾物资，运送到大堤上。

白天，陈天然运筹帷幄，指挥抢险。晚上，他和普通村民一样组成人墙，立在水中抵挡波浪，防止摧毁大堤……这样的日子他过了三个多月。远在河南的家人牵挂他的安全，不断急信催问，并派人前来询问，都被单位挡了回去！后来，单位领导才告诉他：由于数月无有音讯，大家都以为他已经命丧洪水了，暂时不敢告知家人。洪灾过后，陈天然结束了长期在船上的动荡生活，在一个叫武穴的渡口登陆，一下船，他腿软得几乎走不成路，摇摇摆摆，仿佛仍在船上的感觉，半个多月的练习之后，才回归常态。

半个多世纪过去了，说起这件事，老头儿不仅不居功，反而是泪光闪烁：为那些不幸去世的无辜生命，为那段惨烈悲壮的岁月……

我在翻阅《守望故园》一书时，曾看到湖北省艺术界老教授张京德、名画家查世铭等在怀念陈天然老师的一篇文章中讲述了一段他在湖北艺专任教时的生活：在湖北教书期间，他总是把自己的所学所思、所感所悟和盘托出，他喜欢把自己关在屋子里，若有可能，可以一整天关在里面不出来，所以学生们很容易找到他。在属于他自己的时间里，他不是看书就是作画，这时，你一定会觉得他是一个出家的苦行僧。但是，任何时候，只要学生来了，他立刻会放下手中之物，热情接待，哪怕是半夜三更，哪怕是暑热午后，哪怕是刚刚送走了一拨儿同学尚未入静，谈起话来，有问必答，无所不答,知无不言,言无不尽。这是一段无私育桃李的佳话,也是老头儿一生遵循的赤诚透明、无私奉献的做人准则。

20世纪90年代,几位农民敲开了住在郑州的陈天然的家门。他们是柏沟岭的村民,为柏沟岭村打井一事上门求助,请他无论如何想想法子,救救全村700多口人。柏沟岭虽然有百花盛开的美丽景致,却是绝壑深涧严重缺水的一个穷沟沟。在很多缺水村的报道中,老人渴死滴水岩下,新娘子为不慎打翻一罐水而羞愧痛哭寻死觅活,青年人为一桶水大打出手,等等,每件事在柏沟岭都曾经真真实实地发生过。多少年来,村民们为了水,把眼泪都盼干了! 可是,他一介书生,两袖清风,有什么法子来给村里打一眼井呢? 拿出了自己所有的积蓄,差距遥遥。苦思冥想后,被逼无奈的陈天然大胆决定:开堂卖字! 这无疑是艺术家的大忌! 他的决定震惊了河南省的艺术界,不少亲密的老友连番劝说,连领导都出面了。但是,心性纯厚的陈天然顾不得那么多,他只想着柏沟岭,只想着小山村里几百口人的悲欢苦乐。而个人的声名,早就抛在了脑后。

"大爱"这个词,可能人人会写,但是,试问又有几个人能把它这样深情地本真地写在自己的心里呢? 陈天然,写了,写得自自然然,毫无雕饰……

垂垂老矣,该是安享晚年的时候,但是,老头儿依然没有停下自己的脚步。他不要在郑州养老,他一生魂牵梦绕的就是柏沟岭,他要把自己一生的成就毫无保留地奉献在柏沟岭这片深情的土地上!

从2000年开始,老头儿就开始筹建以自己名字命名的天然山庄。这是一座全石结构的建筑,上下三层,14孔窑洞,4间石室,1400多平方米,传统红木格子门窗,坑院中心一座风屏石。山庄内设国画、版画、速写、书法等9个展厅。

天然山庄是一座巨型的民间艺术展馆,免费对外开放。农闲的时候,村里的老头儿老婆儿姑娘媳妇儿们会来这儿指指点点,说说这头牛,摸摸那棵树;星期天的时候,十里八乡的学童们也会三五成群地来这儿,拍拍这段石刻,描描那幅版画;更多的是国内外各大院校、专业爱好者,他们一来就要逗留上许久,住在县城里,连着来上三四天;有时候,这里还会举办大型的艺术培训班、国学班等,那时候是天然山庄里最热闹的时候,朗朗书声,学术争论,悠扬歌声……

日出日落间,入住天然山庄已经五个年头了,老头儿老太太携手来往,背出去的是宣纸,背回来的就是沉甸甸的艺术!很多老友来访,看到两位老人的生活和作品后,无不惊叹:"你们是躲在山沟里创造奇迹啊!"中国国学人才网在山庄举办的第四期国学班结束后,北大教授张洪泉先生感慨地说:"人生只有为善修德,才能辉煌富贵,富而不贵,枉然一生,诚然,唯一'贵'字难得……"

采访时,老头儿还高兴地说自己又掌握了一门新艺术:摄影!老头儿眼光不凡,拍得数十幅家乡美景,被河南美术出版社"搜尽奇峰画丛"收录。老太太一日兴来,查阅该书,发现《黄土高原》一册中选黄河中游各省图片共96幅,而柏沟岭村就占了26幅。

(作者单位:文末未留单位)

侯振挺：人生的意义在于追求

王曜卿

　　河流之所以蜿蜒，是因为屡遭阻隔；河流之所以向前，是因为追求浩渺的海洋。

　　——摘自中国铁道出版社 1999 年版《百名教授谈人生》中侯振挺的《人生的意义在于追求》

来自英国的信件

　　1978 年的一天，中国科学院收到中国驻英国大使馆转来的一封信。这封信出自英国皇家学会会员、戴维逊基金会主席 P. 惠特尔之手。他在来信中写道："本基金会经常给那些在已故洛勒·戴维逊所关心的概率论与统计学的一般领域里工作并做出杰出成就的青年科学家颁奖。长沙铁道学院的侯振挺，在'Q 过程'的存在问题中建立了唯一性准则，鉴于这一非凡的工作，本基金会决定授予侯振挺戴维逊奖。……四十多年来，数学家们非常关心这个问题，他们多次做了特别的努力，以寻求唯一性问题的答案。但是，直到这位天才的年轻人发表他的论文以前，所有的努力都失败了。他的杰出论文引起了广泛的注意，因为他的答案具有完整性和最终性。我们高度评价侯振挺的工作，并希望戴维逊奖能对他和他的同事们在研究工作中给予帮助和鼓励，也很高兴能将中国数学

家的名字列入戴维逊奖获奖者名单中去……"

侯振挺是第一个获得戴维逊奖的中国人。1978 年 10 月 12 日，新华社发出电文《数学家侯振挺获戴维逊奖》："我国长沙铁道学院教授、42 岁的数学家侯振挺，解决了数学家们 40 年来一直探求的 Q 过程唯一性准则，获得了本年度戴维逊奖。"全国 30 多家大报几乎同一天报道了侯振挺的事迹和成就。

少年侯振挺

侯振挺，1936 年 3 月 1 日出生于新密市大隗镇纸坊村的普通农家。当时，大隗是有名的造纸之乡，纸房村是当地的造纸中心。这里风景秀丽，树木葱郁，土地肥沃，两条河流从村南村北流过，侯振挺在这里度过了他美好的童年。每当忆及儿时的家乡，他都情不自禁地发出"赛江南"的感慨，眷恋之情溢于言表。侯振挺 8 岁入私塾，11 岁进入当地初小，1949 年考入大隗完小，1950 年考入密县中学，1952 年进荥阳高中。少年时代的侯振挺一直有着读好书、做好学生的愿望，并且一直成绩优异，尤其对数学有特别的兴趣。高中阶段，因母亲身患绝症，家境困难，他省吃俭用买来许多数学参考书。他读过《循环级数》《无穷小量求和》《数学归纳法》等十多种小册子，打下了扎实的初等数学基础。他常和几个同学一起解答《数学通报》问题征解栏中的难题，培养了研究数学问题的兴趣。

1955 年秋，侯振挺考入唐山铁道学院（现西南交通大学）铁道工程系。学校丰富的图书资料、雄厚的师资力量、浓厚的学习氛围，使一贯好学的他如鱼得水，在学业上特别是在数学方面有了长足进步。

青少年时期的刻苦努力，为他后来获得戴维逊奖奠定了坚实基础，但他却认为，自己的贡献同老师张金山的引导教育分不开。他得奖之后，有人问他首先想到的是什么，他说："我能在数学上有点儿成绩，与中学数学老师的辛勤培养和严格要求有极为密切的关系，我对数学开始有兴趣，完全是这位老师的影响。"这位老师就是密县中学的张金山。他说："老师引进门，登堂靠自身。"因此，获奖后侯振挺专程去看望了张老师，并将获奖证书及著作全都送给了张老师。

"十年不辨饭香甜"

关于获奖的感受和心得，侯振挺在他的《齐次可列马尔可夫过程》中，写下诗句"十年不辨饭香甜，马氏过程伴我眠"——这也是他常常夜以继日地埋头工作、攀登科学高峰的真实写照。

由于经济困难，1956 年秋至 1957 年秋，侯振挺从唐山铁道学院休学一年，在铁道部速成中学做数学教员。教学中，侯振挺被学生问到许多同学们饶有兴趣的问题，他虽然准确地回答了其中一些问题，但是，还有一些问题无从回答，这使他觉得数学领域奥秘无穷。于是，他萌生了尽快复学并改读数学专业的念头。这一年，他通过教学实践进一步熟练了初等数学的内容、方法和技巧，还自学了数学分析、线性代数、抽象代数等现代数学的基础课程。

1957 年秋复学后，他于 1958 年转入长沙铁道学院新成立的数学力学系应用数学专业，走上了数学学习、研究的道路。他阅读苏联数学家辛钦的排队论奠基作《公用事业理论中的数学方法》后，对书中提出的一个公开问题——巴尔姆断言进行研究。他每天早起晚睡，利用课余时间，一头扎进研究推导之中，于毕业前彻底解决，并写出他的第一篇论文——《排队论中巴尔姆断言的证明》，1961 年在《数学学报》发表，后被推荐到《中国科学》发表。成功的

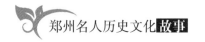

喜悦使他坚定了进一步追求、攀登数学高峰的信心。

1960 年,他大学毕业分配到长沙铁道学院任数学教师。1962年,他重回唐山铁道学院进修概率论,1963 年夏至 1964 年夏,协助苗邦均教授主持概率专门化课程教学,主要讲授概率论。在此期间,他经常到中国科学院运筹室,师从越民义研习排队论,打下了研究概率论的基础。1964 年,他回到长沙铁道学院,正式开始"齐次可列马尔可夫(Markov)过程"的研究工作。"文化大革命"期间,侯振挺"躲进小楼成一统,管他春夏与秋冬",全身心地徜徉在数学研究的王国中。通过 10 年的努力,度过无数个不眠之夜,终于解决了全世界数学家 40 年未解决的 Markov 过程中的一系列重要理论问题,1974 年,他的论文《Q 过程唯一性准则》在《中国科学》发表,在国内外产生了强烈反响。1976 年,英国剑桥大学教授、国际著名概率论专家路透(Reuter)发表文章,称侯振挺的"Q过程唯一性准则"为"侯氏定理",从此"侯氏定理"美名远扬。1979 年,苏步青院士在《新中国数学工作的回顾》中指出:新中国成立 30 年来,陈景润、杨乐、张广厚、侯振挺等"作出了第一流水平的成果"。丹麦的雅各布森(Jacobsen)教授在美国《数学评论》上称侯振挺的"Q 过程唯一性准则"在国际上引起了广泛的关注。美国 T. M. 里戈特(T. M. Liggett)教授称侯振挺关于 Q 过程唯一性的解答,是中国概率学家做出的重大贡献。1991 年,安德森(Anderson)总结 1960—1990 年马氏链研究的主要成就,肯定了侯振挺的专著《齐次可列马尔可夫过程》在马氏过程发展中的地位。1996 年,中国科学杂志社为纪念《中国科学》《科学通报》创刊45 周年,从两刊 45 年来发表的 25100 余篇文章中选出 16 项代表性成果,其中就包括侯振挺的《Q 过程唯一性准则》……

丰厚的荣誉

P. 惠特尔的信,对侯振挺的成就给予了高度评价,1978 年 3 月 18—31 日,全国科学大会在北京召开,侯振挺光荣地出席这次盛会,并获得全国科学大会成果奖和个人奖。同年,侯振挺被破格从助教直接提升为教授。1982 年获国家自然科学三等奖,1988 年获国家教委科技进步二等奖,1998 年获湖南省科技进步一等奖……他先后获省部级以上奖励 20 余次,还先后被评为湖南省劳动模范、全国铁路系统劳动模范、全国劳动模范,国家级有突出贡献的科技专家、湖南省优秀科技工作者。

1978—1998 年,侯振挺先后当选第五届至第八届全国人大代表。1984—2000 年任长沙铁道学院副院长;2000 年任中南大学铁道科技研究院副院长,数学学院副院长、名誉院长,数学学院概率统计研究所所长。1986—1996 年任湖南省科学技术协会主席,1996 年任湖南省科学技术协会名誉主席。1988—2004 年任湖南省数学会理事长。2005 年,被确定为中国科学院数学物理学部院士候选人。

不断的努力

获得戴维逊奖,不是侯振挺科研攻关的终点,而是新的开始。20 世纪 80 年代中期开始,侯振挺和学生们对既含稳定态又含瞬时态的一般情形的 Q 矩阵问题进行了长达十年的研究,取得一系列成果,并写成《Markov 过程的 Q 矩阵问题》一书,得到王梓坤、马志明院士等专家的好评,认为成果"具有很高的学术价值,达到国际领先水平";王梓坤院士称该书是"迄今世界唯一一本关于 Q 矩阵

问题的专著""具有很高的学术价值";丁夏畦院士称"这本专著的公开发行,将对马尔可夫过程的研究起进一步推动作用";这一专著获1998年湖南省科技进步一等奖。1988年,专著《齐次可列Markov过程》英文版在德国出版。20世纪90年代中期开始研究Markov决策过程,解决了此领域的一系列问题,这些成果包括在专著《Markov决策过程》中。20世纪90年代末,花甲之年的侯振挺继续驰骋在数学王国,思维依然那样活跃。1997年,提出一类新的随机过程Markov骨架过程,奠定了这类过程的理论基础,大大地拓宽了Markov过程的研究和应用领域;1997年提出马氏骨架过程新概念并加以研究,在排队论、可靠性理论、随机网络等学科得到成功应用;这些成果收在2000年出版的专著《马尔可夫骨架过程——混杂系统模型》中,马志明院士等概率界专家认为此专著"在应用上有广阔的发展前景,开辟了一个全新的研究领域""在国内国外独树一帜""在国际上处于领先水平"。2001年,以侯振挺为学科带头人的概率论与数理统计被教育部评为国家重点学科,研究成果获2001年湖南省科技进步一等奖。

侯振挺还注重数学在国民经济中的应用研究,20世纪70年代就发表过关于铁路和煤炭调运的数学方法的论文,在铁路运输中有着重大意义。他关注地方经济建设,先后主持完成"湖南省能源模型""市场预测与风险管理""铁路行车安全评估体系""防洪减灾系统工程""航天育种"等多个省、部级项目,取得了丰厚的理论成果和社会、经济效益。

1960年至今,侯振挺先后在国内外核心刊物发表论文80多篇,出版专著11本。

无言育桃李

1982年,国务院学位委员会批准侯振挺为国家首批博士生导师,他领导的概率统计研究室成为国务院首批公布的博士学位授权点,至2004年已培养硕士40多名、博士23名,毕业学生中有13人晋升为教授。其中,博士研究生陈木法成为当今国际概率统计界知名的数学家,曾获霍英东基金会和求是科技基金会的多项重要奖励;博士研究生陈安岳被聘为英国利物浦大学讲座教授(或称"特聘教授");博士研究生邹捷中的博士论文获1987年国际戴维逊奖,成为我国第二个获此奖项的数学家。

在发现和培养人才方面,侯振挺不拘一格,重能力、重水平。李慰萱原是一名普通工人,但他在图论方面的研究引起国内学者的注意,侯振挺极力推荐,1978年3月让李慰萱协助自己从事研究生课程教学,同年8月从工人直接晋升副教授。费志凌1984年高中毕业后未继续升学,侯振挺收下这位年轻人,他后来考上了中科院武汉地球物理研究所的硕士生并到加拿大攻读博士学位。邹捷中没有大学学历,"文化大革命"下放农村期间自修了大学数学,1979年,侯振挺吸收他为研究生,1987年他就获得了国际戴维逊奖。何其美只有初中学历,但他解答了1982年国际数学奥林匹克难题,1982年高考成绩优秀但未被录取,侯振挺为之奔走呼吁,终于使长沙铁道学院在开学几个月后录取了他。

2010年,中南大学大三学生刘路破解了沉寂20年的数学难题"西塔潘猜想"。2011年7月,侯振挺找到刘路,收他为研究生,并求助三位院士向教育部写"破格录取"推荐信;10月,中南大学特批刘路硕、博连读,进入侯振挺的研究所。2012年3月20日,中南大学再次打破教授选聘程序,聘请22岁的刘路为正教授级研究员,使他成为中国最年轻的教授。

一个月黑风高、雨雾蒙蒙的秋夜,一群学生请侯振挺作关于崇尚科学的报告,他不仅如约而至,而且有备而来,写了一大沓讲稿——这样的讲座,侯振挺当上科学家后,不知作过多少次。一位

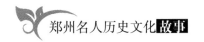

普通教工为了评职称写了一本书，斗胆向侯振挺递交了一份"项目"经费申请表，侯振挺二话不说便批了3000元经费——这样的资助，侯振挺担任主管科研的副院长期间不知批了多少回。

侯振挺有一句名言："人的一生就是追求的一生。没有追求，人生就失去了意义，生命也就失去了存在的价值。"（摘自中国铁道出版社1999年版《百名教授谈人生》中侯振挺的《人生的意义在于追求》）——这也正是他一生的追求！

2011年9月，侯振挺被评为中南大学首届"研究生最喜爱的导师"，学生们给他的颁奖词是："他将严谨的数学智慧与浪漫的艺术情怀熔于一炉，凭一颗爱心、一双慧眼、一腔胆识，一种'无法之法'，深得人才培养的真谛。他选拔培养学生，不顾背景，不问出身，不管来路，唯才是爱，唯才是举，唯才是教，创成中南大学教书育人的'侯氏定理'。最是风流侯振挺，不拘一格降人才。"

尾　声

老骥伏枥、志在千里，这些仍不是结束。2015年5月，79岁高龄的侯振挺的书 *Markov Skeleton Processes and Their Applications*（《马尔可夫骨架过程及其应用》）由科学出版社和美国 International Press 联合出版。2015年5月29日，侯振挺教授的教育基金捐赠活动正式启动……

（作者单位：中共郑州市委党史和地方史志研究室）

任长霞事迹简介

刘木生

生平简介

任长霞,女,祖籍河南睢县,1964 年 2 月 8 日生于郑州,生前任河南省登封市公安局党委书记、局长,一级警督警衔。生前是全国"五一"劳动奖章获得者、中国十大女杰、全国三八红旗手、全国青年岗位能手、全国优秀人民警察。

1983 年 10 月,任长霞从河南省人民警察学校毕业,分配到郑州市公安局中原分局工作,先后任预审科民警、预审科副科长、法制室主任,其间光荣加入中国共产党。1996 年 10 月,任郑州市公安局法制室副主任。1998 年 11 月,任郑州市公安局技侦支队支队长。2001 年 4 月,任登封市公安局党委书记、局长。

2004 年 4 月 14 日晚 8 点 40 分,在侦破"1·30"案件从郑州返登封途中,突遇车祸,经医院全力抢救,因伤势过重,2004 年 4 月 15 日牺牲,年仅 40 岁。

重要事迹

任长霞自 1983 年加入公安队伍,做预审工作 13 年,在郑州公安系统、市政法战线及省预审岗位练兵大比武中均夺取过第一名,

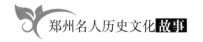

协助破获了大案要案 1072 起,追捕犯罪嫌疑人 950 人。

1998 年任郑州市局技侦支队长后,她多次深入虎穴,化装侦察,亲自抓获了中原第一盗窃高档轿车主犯,先后打掉了 7 个涉黑团伙,抓获犯罪嫌疑人 370 多名,被誉为警界女神警。

2001 年调任登封市公安局局长后,始终把人民的安危和群众的疾苦放在心上,解决了十多年来的控申积案,共查结控申案件 230 多起。她带领全局民警,共破获各种刑事案件 2870 多起,抓获犯罪嫌疑人 3200 余人,有力地维护了登封社会治安和稳定的政治大局。

2004 年 4 月 14 日晚 8 时 40 分,在侦破"1·30"案件中途经郑少高速公路发生车祸,因受重伤随即被送往郑州市中心医院抢救,经过 4 个小时紧急抢救,终因伤势过重,不幸因公殉职。

40 岁正是人生最壮美的季节,然而,她却猝然倒在了为之奋斗不息的公安事业上。她以自己的忠诚、才干和辉煌业绩,先后荣获全国"五一劳动奖章"获得者、全国三八红旗手、中国十大女杰、全国青年岗位能手、全国优秀人民警察等 20 多项荣誉称号,以自己的毕生心血忠实地履行了"立警为公、执法为民"的神圣职责。

2004 年 1 月 30 日,登封市告城镇发生了一起强奸杀害幼女案。任长霞亲自挂帅,力求实现"命案必破"。她在专案组与侦查员同吃同住同工作,一住就是 73 天。4 月 13 日晚,在郑州市公安局专家组协助下,任长霞又带领专案民警彻夜工作,摸排出了一些重要线索。14 日早上 9 时便带上案件资料赶到郑州,向上级领导汇报案情,制定出了下一步侦破方向。下午又在郑州查证了另外两条案件线索。为部署当晚的侦破抓捕工作,任长霞结束在郑的工作后,急匆匆就要返回登封。当晚 8 时 40 分,任长霞所乘车辆在郑少高速公路遭遇车祸,当即重伤昏迷,终因伤势过重,抢救无效,于 4 月 15 日凌晨 1 时离开了人世。

2001年4月，郑州市公安局技侦支队支队长任长霞调任登封市公安局局长，成为河南省公安系统有史以来的第一位女公安局长。当时面临的形势非常艰难：民警队伍涣散、积案堆积如山、群众怨声不断，行风评议年年倒数第一。她深入基层调查摸底，跑遍了登封17个乡镇区派出所，找到了存在问题的症结所在。随即从"从严治警"入手，清除了队伍中的3个害群之马，15名长期不上班、旷工、迟到以及参与违法违纪行为的民警被开除和辞退。此举令民警的精神面貌为之焕然一新。

在整顿队伍、严肃警风的同时，任长霞将全部精力集中到了破大案、破积案，打响了一场又一场攻坚战。"4·15"东金店强奸焚尸案、"4·18"大冶镇火石岭村绑架案、"5·18"特大盗枪案、"5·28"石道杀人案、"6·9"强奸轮奸女教师案、"7·2"唐庄杀妻杀子案等一系列大要案纷纷告捷。面对辉煌的战绩，干警和群众服了。大家都说："咱登封来了个女神警，案发一起就破一起。"

刑事犯罪案件破获了，任长霞又着手解决深层次问题。2001年4月23日，她从一封平常的群众来信中了解到，松颖避暑山庄老板王松纠集家族成员、两劳释放人员在白沙湖一带，横行乡里，敲诈勒索，致使上百人受到伤害，7人丧命，民怨极大。她决心挖掉这颗毒瘤。4月29日，王松手下的爪牙因参与作案被抓获，王松企图以钱开路，打通关节，救出这几个"弟兄"。5月1日晚，王松来到任长霞办公室，随手甩出一沓钱放在桌子上说："手下人捅了娄子，请任局长高抬贵手，网开一面。"任长霞严词拒绝，并将计就计，指令民警将王松一举擒获。

2001年4月25日，任长霞抽调20余名民警成立"控申专案组"，按照"立足化解，妥善处置"的思路，变上访为下访，变被动为主动，把控申工作查处信访积案作为一项"民心工程"，纳入工作的整体目标，她把每周六定为局长接待群众日，诚心倾听群众呼声。

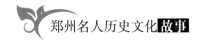

据不完全统计,三年来共接待群众来信 3460 多人次,使 470 多户上访老户罢访息诉,被人民群众赞誉为"任青天""女包公"。

登封市有两起家喻户晓的强奸杀人案。

西岭区域内自 1997 年到 2001 年的 5 年间,先后有多人被抢劫、被杀,数名妇女被强奸,案件难以侦破,群众反映强烈。任长霞研究决定将此案定为攻坚战的重中之重,抽调精干力量强力侦破,终于在 8 月 1 日将犯罪嫌疑人王少峰抓获归案。

另一起是长达 11 年未破的两少女被奸杀案,任长霞多次召开党委会研究部署此案的侦破工作。她在一次接待来访群众时获知一条重要线索,迅速组织民警顺线追踪,终于将犯罪嫌疑人赵占义擒获。在短短的几个月时间内,登封市公安局共查结 1998 年以来控申积案 71 起,使多年的上访老户息诉停访,老百姓终于有了笑脸。

一系列的业绩,源于任长霞对崇高理想的不懈追求。1983 年,当英姿飒爽的任长霞警校毕业后来到郑州市公安局中原分局预审科当上一名民警时,她就在日记本中写下一段话:"能成为一名打击犯罪、保护人民的人民警察,能亲手抓获犯罪分子、还老百姓公道,是我人生最大的追求。"也正是从这时开始,她就立下了将自己一生献给公安事业的誓言。

1992 年 11 月,任长霞在郑州市公安系统和政法系统岗位练兵大比武中,力克群雄,双双夺冠。1994 年 11 月,又在全省预审岗位练兵大比武中,夺得第一名。

办案实践中,任长霞更注重探索和积累办案经验,提高审讯技巧。凭着自己娴熟的预审技能,顽强的工作作风,她直接审理了各类刑事案件 1072 起,追捕逃犯 950 人,在河南省预审战线上创造出了无人比拟的业绩。

1998 年,任长霞被提拔为郑州市公安局技侦支队支队长。她带领支队民警在短短 2 年的时间里,跑遍了全国 20 多个省、市,破获了近 300 余起抢劫、杀人等重特大案件,抓获了 350 多名犯罪嫌疑人。

任长霞常说:"作为一名领导干部,要事事、处处、时时以个人的人格力量去教育大家,感化大家,激励大家。"作为一位公安局长,任长霞无疑面临着钱、权、法的考验。自入警以来,她从事的都是有一定权力的工作,总是有人通过直接、间接的关系来靠近她,给她送去金钱、物品,但都被她婉言拒绝。

任长霞也有美满家庭:她爱丈夫、爱儿子,但不能享受天伦;孝敬父母,但不能床前尽孝。每当想到患病瘫痪在床的父亲那痛苦的呻吟,看到儿子那殷殷期待的目光,想起丈夫对她工作无言的支持,她常常深感愧疚。春节时,为确保全市人民度过一个祥和安宁的节日,任长霞无暇回家,却给上访老户送去米面、到几十名业务骨干家中拜年、在街面上查看执勤情况。

一次,14 岁的儿子考完试,实在太想妈妈了,又想给她个惊喜,便只身从郑州家中出发,骑自行车到 80 多公里外的登封来找她,走到新密市境内,自行车碰到了路边的石头上摔坏了,胳膊、腿、肚子也被擦伤。当她看到儿子脸上浮着一层厚厚的煤灰,运动鞋也裂开了口子,她一把搂住泪流满面的儿子,心里一阵难过,她感到欠儿子的太多太多了。

作为一名女公安局长,任长霞集刑警的威严和女性的温柔于一身,尤其对被人们视为弱势群体的妇女、儿童,她更是事必躬亲、关怀备至。为最大限度地保护妇女儿童的合法权益,她先后组织开通了"110"反家庭暴力服务台,设立了妇女维权示范中队,成立了多警种联动、相互协作、共同作战,全方位、多层次、多渠道的快速反应机制。一年时间接警 470 多起,处理刑事案件 175 起,逮捕 96 人。

2001年5月3日,登封市大冶镇西施村煤矿发生特大瓦斯爆炸事故,13名矿工遇难。任长霞在处理这起事故中得知,11岁的女孩刘春玉的父亲遇难,母亲也因心脏病突发去世,刘春玉成了一名孤儿,她便毫不犹豫地承担了小春玉生活和学习的全部费用。小春玉说:"任妈妈让我重新得到了母爱,我为有这样的好妈妈感到骄傲!"

为使更多的孩子得到救助,任长霞2002年1月向民警发出倡议,在全局开展"百名民警救助百名贫困学生"活动。全市126名贫困学生得到救助,重新回到课堂。孩子们都亲切地称任长霞"任妈妈"。

(作者单位:登封市公安局宣传科)

航天员刘洋

王曜卿

刘洋,女,1978年10月6日出生于河南郑州。父亲刘士林原为郑州市第一食品机械厂技术科助理工程师,母亲牛喜云曾是郑州轻型汽车制造厂职工,爸爸善良正直,妈妈质朴勤劳,从小带她长大的外婆与人为善,处处替别人着想。她人生的第一堂课,是这个普通而温馨的家庭教授的,她也由此拥有了认真做事的态度和一颗懂得感恩与回报的心。初二那年,她得到了人生中第一笔奖学金,看到爸爸的球鞋破了却一直不舍得换,她就用这笔奖学金悄悄给爸爸买了双球鞋。

教育经历

1985年,刘洋进入管城回族区实验小学学习。1991—1994年,刘洋在郑州市第三中学读初中,刘洋是老师眼中的"大学苗子"。初三时获市级英语竞赛二等奖。到了高中,一直担任团支部书记。在父母的世界里,她就是"来报恩的孩子",学业上从不让父母操心,放学后还常分担家务。

1994—1997年,刘洋在郑州市第十一中学读高中,在班级中担任团支部书记,校团委的组织委员,业余党校第一期学员。刘洋上课特别认真,每堂课的笔记又工整又详细。下课喜欢找老师答疑

解惑。高中时期被评为郑州市优秀团干部、市三好学生。

1997年8月,以超过当年地方重点院校录取线31分的高分考入空军长春飞行学院(现中国人民解放军空军航空大学),成为一名女飞行员,也是新中国成立以来空军在河南招收的首批女飞行员之一。她的高考成绩超过一本录取线,完全可以报考重点大学最好的专业,填报高考志愿时,她放弃读名牌大学的机会,选择加入空军,成为中国第七批女飞行员之一。飞行员培训的四年,刘洋每天早上晨跑,跑满5000米达标后,别人都休息了,只有刘洋还在坚持自己的目标7000米跑。刘洋在飞行员结业考试时拿到了优秀学员的好成绩。

2014年,刘洋进入清华大学社会科学学院就读,2018年获法学博士学位。

工作经历

2001年6月,刘洋被分配到素有"女飞行员摇篮"之称的广空航空兵某师,成为应急机动作战部队的一名飞行员。2001年5月,刘洋加入中国共产党。曾任空军某师某团某飞行大队副大队长,安全飞行1680小时,被评为空军二级飞行员。

2002年9月,刘洋在飞行部队放单飞后不久的一天,天气状况不是很好,可见度低,气象条件复杂。刘洋驾驶的飞机刚离开地面10米就听到"砰"的一声,一股鲜血直喷到挡风玻璃上。机械师报告:"右发动机温度升高,动力下降。"紧急时刻,刘洋沉着冷静,集中精力保持飞行状态,和地面机组人员密切配合,飞机终于安全着陆。刘洋下飞机检查,发现撞上了鸽群,飞机被鸽群砸了一个大坑,有两只还被吸进了气道,如果发动机早停车一会儿,后果不堪设想。刘洋去找教官说:"我要换飞机,我还有两个起落没飞完

呢。"经过十一年的努力,刘洋能飞五种机型,拥有着同龄人少有的成熟与稳重,她的使命是在天上飞行、完成任务。

2003年9月,刘洋参加昼夜仪表飞行训练,多次驾驶飞机参与空中人工增雨任务。2007年,刘洋奉命前往甘肃执行人工增雨任务。

2009年,中国开始选拔第二批航天员,首次招收女性航天员,刘洋成功获选。6月,刘洋来到中国航天员中心,成为一名预备航天员。刘洋给人的第一印象是知性美,温文尔雅。两年与世隔绝的航天密闭性训练,实现了从飞行员到航天员的转变。多年丰富的驾驶经验,造就了刘洋胆大心细的性格,来到航天城后,她特别重视故障程序训练和救生训练。在一次专业技能理论考试中,有一道关于故障处理的问答题,要求航天员列举3种以上处理某项故障的方法,而刘洋列举了5种。不仅如此,她还喜欢多问"为什么",要在短短的几年时间完成数百余科目的学习,除了要死记硬背,更多的是灵活掌握,在实践中不断深化理论知识。

2010年年初,刘洋从15名候选人中脱颖而出,接受空间飞行训练。5月,刘洋正式成为中国第二批航天员,走进了位于北京西北郊的中国航天员训练中心。经过两年多的航天员训练,完成了基础理论、航天环境适应性、航天专业技术、飞行程序与任务模拟训练等八大类几十个科目的训练任务,通过航天员专业技术综合考核。2011年6月,刘洋转入航天专业技术和任务训练阶段,针对交会对接技术、目标飞行器与组合体飞行管理、空间科学实验及飞行程序进行训练。经过近3000个学时的学习,到执行任务前夕,预定训练内容全部完成。

2012年3月28日,刘洋入选神舟九号乘组,主要负责空间医学实验的管理。6月成为中国人民解放军航天员大队四级航天员,少校军衔。2012年6月15日,中国载人航天工程任务总指挥部召

开了会议,确认了飞行乘组的人选,确定由景海鹏、刘旺和刘洋三名航天员执行这次任务。

2012 年,经过两年高强度训练,刘洋被选为神舟九号航天员,成为中国首位飞上太空的女航天员。神舟九号飞行任务需要在飞行中实现飞船与天宫一号的手控交会对接,按计划由 01 号航天员完成,02 号为备份,而身为 03 号航天员的刘洋,只作为辅助和备份。但是即便如此,刘洋还是一丝不苟地参加训练。每次操作都要求加练,常常因太过专注而错过吃饭的时间。

在神州九号任务中,刘洋主要是在执行手控交会对接的时候进行监视、支持。此外,她在长达 13 天的飞行任务中还承担科学实验任务。

2012 年 6 月 16 日 18 点 37 分,在酒泉卫星发射中心,长征二号 F 遥九运载火箭腾空而起,托举神舟九号飞船飞向太空。神舟九号飞船的任务是与天宫一号目标飞行器进行中国首次载人空间交会对接,由中国人民解放军航天员大队航天员景海鹏、刘旺和刘洋组成飞行乘组执行本次任务,代表中国人第一次入住"天宫"。6 月 16—29 日,在轨飞行期间,刘洋主要负责执行手控交会对接时的监视和支持,同时她还承担了多项科学实验任务。作为中国首位进入太空的女性航天员,刘洋要比男性航天员克服更多的困难。刘洋每天早起,总是第一个来到环控生保训练间,积极参加训练,确保在太空中完成工作。

2012 年 6 月 29 日上午,神舟九号飞船返回舱冲破大气层,刘洋等三名宇航员在内蒙古草原安全着陆。圆满完成任务后的一次采访中,被问及对下一次任务的期待时,刘洋说:"我想去中国自己的空间站。"2012 年 7 月开始,在完成神舟九号任务后的十年间,刘洋描述自己:"十年间我读书深造,提升自己的能力素质;我静心学习训练,为任务做充分的准备;我走进学校走上讲台,撒下种子播

下希望。"收获成长的同时,刘洋从未忘记自己最根本的职业"底色"——航天员。她将更多时间投入训练备战,为再战太空做准备。面对太空驻留时间更长、出舱活动成常态、完成大量科学实验,对航天员的知识、技能、体力、心理等提出了更高要求。对航天员而言,出舱活动训练是强度最大、训练时长最长的训练,而水下训练更是重中之重。第一次参加舱外服水下试验,刘洋穿着120多公斤的服装才工作了三四个小时,手就已经抖得拿不住笔、握不住拳。出舱活动对上肢力量要求很高,为此刘洋暗暗给自己加码。体训时,她来得早、走得晚、训得长;回宿舍还要"加餐",练握力器,举杠铃。

2022年6月4日,中国载人航天工程办公室对外公布神舟十四号载人飞行任务的航天员乘组名单,陈冬、刘洋、蔡旭哲组成飞行乘组,担负空间站阶段的第三次载人飞行任务。6月5日10时44分,刘洋与蔡旭哲、陈冬一起搭载神舟十四号载人飞船飞入太空,17时42分成功对接于天和核心舱径向端口。随后,飞行乘组顺利进驻天和核心舱。7月25日,刘洋与蔡旭哲、陈冬一起进入问天实验舱,这是中国航天员首次在轨进入科学实验舱。9月1日,刘洋成功出舱首次执行出舱活动任务。9月17日17时47分,经过约5小时的出舱活动,神舟十四号航天员陈冬、刘洋、蔡旭哲密切协同,完成出舱活动期间全部既定任务,航天员陈冬、航天员蔡旭哲已安全返回问天实验舱,出舱活动取得圆满成功。10月12日下午,"天宫课堂"第三课正式开启,神舟十四号飞行乘组航天员陈冬、刘洋、蔡旭哲面向广大青少年进行太空授课,"天宫课堂"第三课正式开启,并面向全球进行现场直播。11月3日15时12分,神舟十四号航天员乘组顺利进入梦天实验舱。11月17日,蔡旭哲和陈冬一起出舱执行神舟十四号第三次出舱活动,刘洋在核心舱内配合支持。经过约5.5个小时,圆满完成出舱活动全部既定任务。

12月4日,神舟十四号载人飞船返回舱成功着陆,刘洋安全返回。12月5日凌晨,刘洋、陈冬、蔡旭哲乘坐任务飞机平安抵达北京,抵京后进入隔离恢复期,进行全面的医学检查和健康评估,并安排休养。2023年2月17日,神舟十四号飞行乘组航天员陈冬、刘洋、蔡旭哲在返回地球75天后,首次与公众正式见面。《面对面》记者独家专访三位航天员。

荣誉称号

2012年10月1日授予英雄航天员,获三级航天功勋奖章;10月4日获全国三八红旗手标兵荣誉;12月15日被评为2012中国全面小康十大杰出贡献人物。2013年2月1日获2012年中华儿女年度人物团体奖。2018年1月25日被评为"中国航天员群体"时代楷模。2020年4月24日成为中国航天公益形象大使。2021年6月28日被评为全国优秀共产党员。2023年1月1日获2022年度女性新闻人物,3月获二级航天功勋奖章,4月入选《2023中国品牌女性500强》,12月获何梁何利基金科学与技术创新奖。

(作者单位:中共郑州市委党史和地方史志研究室)